# 大学生积极心理品质培育的路径与机制研究

刘清利　著

中国农业出版社
北　京

**图书在版编目（CIP）数据**

大学生积极心理品质培育的路径与机制研究 / 刘清利著. —北京：中国农业出版社，2023.11
ISBN 978-7-109-31280-7

Ⅰ. ①大…　Ⅱ. ①刘…　Ⅲ. ①大学生—心理健康—健康教育—研究　Ⅳ. ①G444

中国国家版本馆 CIP 数据核字（2023）第 202650 号

---

中国农业出版社出版
地址：北京市朝阳区麦子店街 18 号楼
邮编：100125
责任编辑：肖　杨　胡晓纯
版式设计：王　晨　　责任校对：吴丽婷
印刷：中农印务有限公司
版次：2023 年 11 月第 1 版
印次：2023 年 11 月北京第 1 次印刷
发行：新华书店北京发行所
开本：880mm×1230mm　1/32
印张：6.5
字数：200 千字
**定价：68.00 元**

---

# 前言

FOREWORD

大学生是国家未来发展的重要力量，是新时代中国特色社会主义建设事业的生力军。大学生身心健康发展对于大学生成长成才、社会和谐发展具有重要意义，而重视大学生积极心理品质培育工作，则是推动大学身心健康发展的有效路径。为此，教育工作者有必要对大学生积极心理品质的具体表现以及培育路径进行探索，这无论是对于提升高校育人水平还是对于提升大学生综合素养而言，都具有不容忽视的理论价值与现实意义。

在大学生积极心理品质培育工作中，高校不仅需要通过强化大学生教育引导工作，充分发挥其在大学生积极心理品质培育过程中的主导作用，而且需要通过与学生家庭构建良好的沟通协作关系，推动大学生积极心理品质培育工作全方位开展。当然，多方社会主体也需要认识到大学生积极心理品质培育工作的重要性与必要性，为大学生积极心理品质培育工作提供良好环境，为相关工作提供有力支撑。

鉴于此，笔者撰写了《大学生积极心理品质培育的路径与机制研究》一书，在内容编排上共设置六章，分别为大学生积极心理品质培育概论，大学生积极人格、自我意识与情绪的培育，大学生积极人际关系培育，大学生积极心理品质培育的提升路径，大学生积极心理品质培育与积极心理健康教育，大学生积极心理品质培育的实践研究。

本书有两个特点：一是适应大学生的知识水平和认知特点；二是理论联系实际，每章既有抽象的理论探讨，又有具体的内容分析。本书在教学目标上突出了针对性和实效性；在教学内容上突出了系统性和新颖性；在教学模式上突出了经验性和实践性。全书通俗易懂，既可作为教师参考用书，也可作为学生自学用书。

笔者在撰写本书的过程中，得到了许多专家学者的帮助和指导，在此表示诚挚的谢意。由于笔者水平有限，加之时间仓促，书中所涉及的内容难免有疏漏之处，希望各位读者多提宝贵意见，以便笔者进一步修改，使之更加完善。

刘清利

2023 年 8 月

# 目录
CONTENTS

# 第一章

# 大学生积极心理品质培育概论

大学生积极心理品质的培养对大学生的健康成长具有非常重要的意义，它具有稳定性、建设性和潜在性，是高校心理健康教育的重要组成部分之一。本章重点围绕积极心理学的认知、大学生积极心理品质的培育、大学生积极心理健康教育的意义与价值展开论述。

## 第一节　积极心理学的认知

### 一、积极心理学的发展

#### （一）积极心理学的发展历程

“积极心理健康”的概念最早由玛丽·贾赫德（Marie Jahoda）在1958年提出。20世纪50年代末，美国心理健康联合委员会为了在国内推动心理健康运动而出版了一套关于心理健康方面的系列丛书，其中第一本是心理学家玛丽·贾赫德的《当代积极心理健康观》。在这本书中，玛丽·贾赫德第一次在心理学界提出了“积极心理健康”的概念，她认为，积极心理健康包括：积极的自我态度；全面地成长、发展和自我实现；整合性——一种集中统合的心理功能；自主发挥功能的能力；对现实的准确认识；能掌控自己周围的环境。玛丽·贾赫德提出的“积极心理健康”，为人们创立积极心理健康教育提供了理论基础。①

① 李婷婷，2020. 积极心理学视角下的大学生心理问题探析［M］. 北京：中国书籍出版社.

“积极心理学”一词最早于1954年出现在马斯洛的著作《动机与人格》中的最后一章“走向积极心理学”。但直到美国心理学会前主席马丁·赛利格曼（Martin E. P. Seligman）在1998年的美国心理学会年度大会上明确提出把建立积极心理学作为自己任期内的一大任务时，积极心理学才开始正式受到世人的关注。

积极心理学以一种新的视角诠释心理学，它不同于以往心理学关注心理疾病和障碍的研究，而将研究关注点放在心理健康和良好的心理状态方面，是一门旨在促进个人、群体和整个社会发展完善的科学。积极心理学强调心理学不仅要帮助那些处于某种“逆境”下的人们求得生存并得到良好的发展，更要帮助那些处于正常环境下的普通人建立起高质量的社会生活和个人生活。

另外，赛利格曼在《美国心理学家》杂志上发表了自己所撰写的《积极心理学导论》这篇文章，开辟了积极心理学研究的新道路。他提倡通过较为科学的实验方法进行研究，即通过记录、对比具体的数据来研究人的道德和良好本性。国外相关学者也将其研究方向定义为一种以积极品格为核心，以人的幸福为主体的科学研究。伴随着积极心理学相关理论体系的持续完善，很多高等院校都开设了这门课程，也有更多的研究机构参与到研究中，积极心理学逐步得到了大众的认可，进入了蓬勃发展的时期。

### （二）积极心理学的发展趋势

积极心理学是对近一个世纪以来心理学中消极的研究范式的超越，核心思想是强调人本身所固有的积极因素，强调人的价值与人文关怀，主张研究人的美德和潜力，以帮助所有人获得幸福为目标。作为当代心理学的一种重要取向，积极心理学与传统的心理学研究大不相同。积极心理学的未来发展趋势是完善积极心理学的理论体系，拓展积极心理学的研究领域，这必定是一个漫长的过程。

#### 1. 积极心理学研究领域的发展趋势

人的素质培养、性格养成、心理构建都离不开与之息息相关的社会、家庭等因素的制约，因此积极心理学研究要统筹兼顾影响

“人”的各要素之间的关系。脱离任何影响因素来研究积极心理学，都将陷入片面化的误区。具体说来，在积极心理学研究领域的发展趋势上，应重点关注以下几方面内容。

（1）拓展积极心理学的心理体验研究。心理体验研究是建构积极心理学研究的基础和核心，主要包括积极心理状态、乐观心理状态、快乐体验等。

（2）拓展积极人格品质塑造领域的研究。积极心理学研究的对象是人性中积极、正面的因素，其目的在于培养健康的人格品质、提升人的幸福感，因此拓展人格品质塑造领域的研究不容忽视。

（3）注重心理体验、品质塑造与社会环境的内在联系。个体在社会环境中可以获取积极乐观的心理体验并塑造良好的人格品质，而心理体验、品质塑造又会对社会环境产生影响，因此注重三者之间的内在联系应当是积极心理学研究的重点。

**2. 积极心理学研究方法的发展趋势**

积极心理学研究人作为社会主体在社会生活中所应当具有的乐观、积极的心理机制，这与传统人本主义所倡导的精神内涵有相似之处，因此，人本主义的研究方法可以为积极心理学的研究提供借鉴和参考。值得注意的是，人本主义的研究方法并不完全适用于积极心理学的研究和探讨。传统心理学侧重研究人的疾病和负面心理，积极心理学着重研究能使个人和社会发展的正面力量和美德，从而让人们的生活更加幸福充实，社会更加和谐向上。因此，将科学技术与人文精神相互统一，建构以科学数据为基础、精密实验为支撑、标准测量为方法的积极心理学研究体系，来研究人类的力量和美德等积极方面，才能实现积极心理学的研究目的。

**3. 积极心理学终极目标的发展趋势**

积极心理学是心理学新开辟的领域，重点关注的是那些可以提升生命价值的事件。与其他心理学分支相比，积极心理学把挫折等消极因素看得更加微小，但是也同样承认消极因素的重要存在价值。积极心理学以实现人类幸福生活为目标，因此在未来发展趋势上，应更加突出人的主体地位，以提高人的能力、塑造良好的心理状态为重要内容，关注人的心理中积极、乐观的正面因素，研究人的价值和个性。这不仅是积极心理学发展与进步的大势所趋，更是助推现代心理学减少现代化进程负面影响，重构人类文明体系，实现人类可持续发展的重要力量。

## 二、积极心理学的理论分析

### （一）人本主义心理学

人本主义心理学是西方心理学史上的一次重大变革，它在使心理学走上研究人或人性的现代发展道路上作出了历史性贡献。人性本善论是人本主义心理学基本的人性观，也是人本主义的动机论与人格论的出发点和理论支柱。它认为在适当的成长与自我实现的环境中，人性善良，或至少表现为中性。人性本善论丰富了关于人类精神生活研究的内涵，如人的价值、生活意义、自我实现、意识状态转换等。人本主义心理学所倡导的关于人或人性的积极面，与积极心理学肯定人的积极、乐观、正能量的内涵类似，因此成为推动积极心理学发展的重要理论来源之一。

### （二）建构主义理论

在后现代哲学思想的影响下，心理学被要求拓宽视野，心理学呈现研究视角多样化、研究方面多元化的发展趋势。与此同时，后现代哲学思想还要求心理学在现代背景下重新对人进行定位，确立价值、目的、意义在人的心理活动中的重要地位。

心理学汲取了现代思想，并且正在发生转变。建构主义作为后现代思想的一股重要学术思潮，也对心理学的发展产生了重要的影响。建构主义认为意义既不是来自客观世界所固有的本源，也不是来自主观的被认识的世界，而是来自社会共同体的主动建构，表现在两方面：第一，人类的“积极”与“消极”的意义在一定程度上也是一种建构；第二，人类的“积极”与“消极”的意义是人类自身主动寻求的结果。

另外，一个人主动建构的心理状态系统往往直接影响着建构的行为应对系统，主要表现在其心理状态系统与行为应对系统的正相关性，即积极应对积极，消极应对消极。同时，积极心理学也在与现代思想的融合碰撞中开启了自身的建构过程，比如，构建积极人性观、积极道德品质等。

## 三、积极心理学的特征与功能

### （一）积极心理学的特征

积极心理学对生活中的美好部分进行科学研究，具体关注积极的主观体验（幸福、愉悦、感激、成就）、积极的个人特质（个性的力量、天分、兴趣、价值）、积极的机构（家庭、学校、商业机构、社区、社会）。积极心理学的研究重点是人自身的积极因素，其主张以人固有的、实际的、潜在的、具有建设性的力量和美德为出发点。积极心理学带来的好处在于发现并发挥自身的优势；从正面提出问题；培养积极的心态；塑造健康的身心模式。积极心理学的特征主要有以下方面。

#### 1. 倡导积极的取向

积极心理学是致力于研究人的发展潜力和美德等积极品质的一门科学，积极心理学从关注人类的心理疾病和弱点转向关注人类的优秀品质，将散落在心理学领域中的有关积极内容的研究集合在一起，用客观实证的方法来探索人类的积极品质和力量，倡导用积极的心态对人的许多心理现象作出新的解读，并以此来激发每个人自身所固有的某些实际的或潜在的积极品质和积极力量，从而使每个人都能顺利地走向属于自己的幸福彼岸。

#### 2. 实现价值的回归

积极心理学不仅将着眼点放在积极品质的发掘与塑造上，还关注人类生存与发展，强调人的价值，使得心理学将研究视野从过多关注消极层面转向关注人类价值层面。积极心理学不仅是一门应用科学，而且也成为一门体现着更广泛的人文关怀的科学，积极心理学对人类福祉的深切关注实现了心理学价值的回归。

**3. 坚持科学的实证**

积极心理学的研究方法是在扬弃其他心理学分支研究方法的基础上发展而来的，具有个性化的特征。另外，积极心理学的研究方法实现了人文思想和科学技术的双重结合，既突显了以人为本的中心思想，重视探讨人性中积极乐观等正面心理机制，同时又将操作性定义、评估方法、实验方法、干预手段、结果验证等科学方法引入到研究过程中，做到了科学性与实践性的有机统一。

### （二）积极心理学的功能

积极心理学具有积极增进、积极预防和积极治疗三大功能，这些功能都是通过积极干预即培养积极情绪和增强积极人格来实现的，具体介绍如下。

**1. 积极增进**

心理健康不应仅是没有心理疾病，而应是心理和精神上的强健有力、生机勃勃的状态。心理学不仅要帮助心理障碍者过上快乐的生活，而且要帮助正常人过上更丰富、更令人满意的生活。

**2. 积极预防**

积极心理学重视心理疾病的预防，认为如果在人们状态好的时候采取行动，就会省去不少麻烦。积极心理学发现，积极人格特质，如理性、乐观、诚实、坚韧、勇气、洞察力、安适、发现目标、心系未来等，具有预防或缓解心理疾病的作用。识别和增强这些积极的人格特质，能有效预防心理疾患。

**3. 积极治疗**

积极心理学认为，治疗不能仅医治创伤，更应该帮助人们认识和增强其人格力量及优势。采用积极心理学的方法，有助于直接或间接地缓解痛苦，消除引发心理疾病的根源。

## 四、积极心理学的价值意义

### （一）平衡心理学价值

积极心理学采用科学的原则和方法来研究幸福，倡导心理学的积极取向，研究人类的积极心理品质，关注人类的健康幸福与和谐发展。它不仅强调人们面对困境时要多思考，也指出在顺境中要积极正确地对待身边的人和物。积极心理学通过恢复积极力量与积极品质在心理学中的地位，体现了心理学价值的平衡。

### （二）完善心理学功能

积极心理学对当代心理学功能的完善体现在以下两个方面。

#### 1. 通过正向的心理评估与测量实现对人的全面理解

评估和测量是心理学的重要功能之一，积极心理学的兴起使得心理学的评估和测量更加全面、准确。积极心理学提供的是正向的心理评估与测量技术和标准，因此，积极心理学的出现可以做到对人的全面理解，从而实现心理学功能的完善。

#### 2. 通过积极心理或行为干预体现真正的健康关怀理念

人的发展主要依靠自身具有的积极力量和品质的积累，而不仅是问题的消除。积极干预是通过增强人的积极力量或积极品质，来实现问题的消解以及对健康心理的维护。积极干预不仅帮助人们消除了问题，而且还开发了人类自身的积极品质。

### （三）拓展心理学应用

从当前的发展态势来看，积极心理学不仅在心理学领域取得了巨大的成就，而且其思想已经渗透进了其他领域。

#### 1. 管理学领域

积极心理学在管理学领域中的应用研究集中在积极组织行为学上。积极组织行为学通过对直接领导和员工的实证研究，探讨心理资本及希望、乐观和坚韧性等积极心理状态与员工的工作绩效、组织承诺和组织公民行为之间的关系。结果表明，员工的希望、乐观和坚韧性等积极心理状态与其工作绩效、组织承诺和组织公民行为成正比关系，状态越佳，积极影响越明显，且三种积极心理状态合并而成的心理资本与后者的影响同样成正比关系。

#### 2. 经济学领域

在经济学领域中，积极心理学也取得了卓越的贡献。收益和损失是经济学对经济行为结果的两种不同定论，同样可以反映不同人的心理状态。在实际生活中，人们往往会在利益结果上作出两种选择：①为了获得高回报收益而铤而走险；②为了获得可接受范围内的理想收益而规避风险。

**3. 教育学领域**

积极心理学在教育学领域的应用主要表现在积极教育。积极教育从教育的初始阶段就充分“激活”并注意保护受教育者的积极因素——天生的求知欲、自我意识和自我实现的进取心，因势利导地进行适当的教育。在教育学领域引入积极心理学的方法，与过于关注培养、发现学生应试能力以及改进学习问题的传统教育方式形成鲜明对比，逐渐成为各学校积极探索教学新模式的首要选择。

综上所述，积极心理学是具有长远积极现实意义、适应现代社会发展的新兴学科，在释放负面情绪、负面压力，激发动力和正能量方面发挥重要作用，并将逐步渗透到社会学、教育学、经济学、管理学等重要领域，成为心理健康培养的重要内容。

## 五、积极心理健康的构成要素

### （一）积极的人格与自我意识

积极的人格与自我意识是经营人生的要素。人生的成长目标是自我实现，也就是最大限度地了解自我、发展自我、成就自我，达到自我完善和自我超越。人的自我实现在于协调理想自我与现实自我的距离，使两者达到最完美的结合。

**1. 积极的人格**

积极心理学将积极的人格定义为一系列积极素质的综合体，它的特点是有洞察力和团结合作精神、善良和充满希望等。积极的人格特征中存在两个独立的维度：一是正性的利己特征，指接受自我，具有个人生活目标或能感觉到生活的意义，独立、成功或能够应对环境的挑战；二是与他人的积极关系，即当自己需要的时候能获得他人的支持，在别人需要的时候愿意并且有能力提供帮助，看重与他人的关系并对于已达到的与他人的关系表示满意。所以，积极的人格有助于个体采取更为有效的应对策略，从而更好地面对生活中的各种压力。

**2. 自我意识**

自我可以分成两个方面，即作为客体的自我（经验的自我）和作为主体的自我（纯粹的自我）。自我意识就是指人们对自我的认识以及对自己和周围人关系的认识。

自我意识的结构是从自我意识的三层次，即从认知、情绪情感、意志三方面分析的，是由自我认知、自我体验和自我调节（或自我控制）三个子系统构成。

（1）自我认知。自我认知是自我意识的认知成分，是自我意识的首要成分，也是自我调节控制的心理基础，包括自我感觉、自我概念、自我观察、自我分析和自我评价。其中，自我分析是在自我观察的基础上对自身状况的反思；自我评价是对自己能力、品德、行为等方面社会价值的评估，它最能代表一个人自我认知的水平。

（2）自我体验。自我体验是自我意识在情感方面的表现，自尊心、自信心是自我体验的具体内容。自尊心指个体在社会实践过程中所获得的有关自我价值的积极的评价与体验。自信心反映个体对自己是否有能力成功完成某项活动的信任程度。自尊心与自信心都与自我评价紧密联系在一起。

（3）自我调节。自我调节是自我意识的意志成分，主要表现为个人对自己的行为、活动和态度的调控，它包括自我检查、自我监督、自我控制等。自我检查是主体在头脑中将自己的活动结果与活动目的加以比较、对照的过程。自我监督是一个人以其良心或内在的行为准则对自己的言行实行监督的过程。自我控制是主体对自身心理与行为的主动掌控。自我调节是自我意识中直接作用于个体行为的环节，它是一个人自我教育、自我发展的重要机制，自我调节的实现是自我意识能动性质的表现。自我意识的调节作用表现为启动或制止行为、心理活动的转移、心理过程的加速或减速、积极性的加强或减弱、动机的协调以及根据所拟订的计划监督检查行动的协调一致等。

自我意识不是出生时就有的，而是在个体发展过程中逐步形成和发展起来的。人首先建立起对外部世界、对他人的认识，然后才逐步认识自己。自我意识是在与他人交往过程中根据他人对自我的看法和评价建立起来的，这个过程在人的一生中一直进行着。

积极心理学强调每一个生命都是被选择的，只要出生就是有价值、有意义的，应对生命充满珍惜与感激、热爱与欣赏。积极的自我同一性不是张扬的而是自然而然的，是发自内心而无需借助言语的承诺或外在的东西为自己增加暗示力量的心境或者情绪，也是高自尊的表现。①

### （二）情绪与身心健康

#### 1. 情绪的特点与类别

（1）情绪的特点。情绪是人们对外界刺激引起的生理和心理变化的主观体验，包括体验、表情和生理反应等。情绪主要有以下特点。

1）情绪是生命中重要的部分。从生理学角度分析，情绪其实是大脑与身体相互协调和推动所产生的现象。

2）情绪是由刺激引起的。情绪不是自发的而是由刺激引起的。引起情绪的刺激，大部分是外在的，也有内在的；有时是具体可见的，有时是隐而不显的。就引起情绪的外在刺激而言，生活环境中的任何人、事物的变化，都会影响人的情绪。至于引起情绪的内在刺激，有的是生理性的，如躯体疾病等，会影响人们的情绪；有些是心理性的，如记忆联想、想象等心理活动，也会使人产生不同的情绪。

3）情绪是一种主观体验，而不是问题本身。情绪是由刺激引起的个人主观体验，并不是问题本身。可是大部分人都把情绪看作问题，常告诫自己不应该有情绪，并压抑自己的情绪。另外，个体处于情绪状态时，可以清楚地体验到情绪的性质是主观的，不是客观的。对于同一件事情，不同人的情绪体验也不相同。

---

① 毕红艳，赵倩，2017. 积极心理健康教育［M］. 郑州：河南科学技术出版社.

4）情绪应该为人服务。情绪体验的产生虽然与个体的认知有关，但在情绪状态下常常伴随着生理变化与行为反应，所以很多人无法控制自己的情绪。情绪是生命的一部分，每种情绪的出现都有其意义和价值，它表达和传递着内心的需要。情绪就像手和脚、学习的知识、积累的经验、培养的能力一样，是为人服务、使人生更美好的，并且有很多方法能够帮助我们妥善管理自己的情绪，成为情绪的主人。情绪无所谓对错；情绪可以累积也可经疏导而消散；情绪对当事人而言都是真实的；情绪会推动行为。所以了解、接纳、管理自己的情绪很重要。

（2）情绪的类别。关于情绪的类别，从实用意义出发，可以将情绪分为积极情绪和消极情绪。如快乐、开心、喜悦、幸福等属于积极情绪；生气、痛苦、悲伤、愤怒、难过等属于消极情绪。现代心理学将情绪分为以下四种基本类型。

1）快乐，是指人们努力追求某一目标时，随着目标实现、紧张状态的消除而出现的情绪。快乐有强度的差异，即从愉快、兴奋到狂喜，这种差异与所追求的目标对自身的意义以及实现的难易程度有关。

2）愤怒，是指所追求的目标受到阻碍、愿望无法实现时所产生的情绪体验。愤怒时紧张感增加，有时不能自我控制。愤怒也有程度上的区别，一般的愿望无法实现时，只会让人感到不快或生气，但当遇到不合理的阻碍时，愤怒会急剧增加。这种情绪对人身心的伤害十分明显。

3）恐惧，是人们企图回避某一不利事物但又无能为力时的情绪。所以，恐惧的产生不仅与危险情境的存在有关，还与个人排除危险的能力和应付危险的手段有关。

4）悲哀，是人们失去追求目标或有价值的事物时所产生的情绪。悲哀的程度取决于失去事物对自己的价值。悲哀时带来的紧张释放，可能会导致哭泣。

以上这四种情绪与人的基本需要相联系，通常具有高度的紧张性，是人和动物共有的原始情绪。

**2. 情绪与身心健康的联系**

积极情绪能够缓解消极情绪导致的生理反应。在面对压力事件时，常处于积极情绪状态的人更不易生病；而在病患群体中，那些处于积极情绪状态的病人更愿意接受医生的建议、配合治疗并进行锻炼。

积极心理学研究发现，消极情绪提醒人们注意环境的危险，但当感受到消极情绪的时候，人们的反应会变得狭窄；相反，积极情绪代表着安全，人们对积极情绪的内在反应扩大了选择的范围。

积极心理学认为情绪本身不能战胜情绪，但可以通过情绪的精神化和创造性使情绪成为具有生命力的、流动的能量。积极情绪具有适应意义，是对个人信念和价值的真诚表达，而不是被动迎合别人或社会的期望。情绪的创造性因其特异性、有效性以及情绪的本真性，能够帮助个体在苦难中找到生命的意义。

**（三）感恩心理**

感恩是积极心理学关注的人的重要特质，是指在个人的生存与发展过程中，就自然、社会或他人对自己产生过积极作用的恩惠和帮助等由衷认可，并真诚回报的一种认识、情感体验和行为倾向。

感恩是一种力量。感恩的人往往心怀一种信念和动力，这种信念和动力既能够激励自己不断地前进，也能够感动和改变周围的人，唤起更多的助人行为。此外，当人心存善念和感激之情时，往往会表现出更多的良好情绪进而受到更多人的欢迎。感恩是一种积极的力量，这种力量在积极心理学中一直被重点研究与提倡。感恩是一种生活态度和行为习惯。感恩是教养的产物，不是所有人都具有的，感恩需要养成式学习，学会感恩是人性的极高境界。感恩不能只是埋藏在内心深处，我们需要习惯于把自己的感激之情用言语、行动表现出来，让曾经给予我们关心和帮助的人感受到谢意。

在积极心理学中，积极的人格特征中存在两个独立的维度：正性的利己特征以及与他人的积极关系。而感恩本身不仅是一种正性的利己特征，而且有利于与他人建立积极的人际关系。感恩心理主要包括以下三方面的意义。

**1. 感恩心理有助于个体人格的完善和心理健康**

一个人格完整、心理健康的人，会感受到来自社会的关爱，也必定会对社会心存感激，并以实际行动来报答他人和社会的恩情。培养感恩品质有助于个体人格的完善，有助于唤起人的感恩心和感恩情，用感恩心来融化人们的内心，培养与人为善、助人为乐的品德，用感恩情不断地激励人们培养诸如温暖、自信、坚定、善良这些美好的处世品格。

培养感恩意识能够使大学生在正视个人价值的情况下，即便在逆境中也能考虑他人，变得性格更豁达，心胸更开阔。有感恩心的人会对周围的人和事充满感激之情，会以更积极的态度面对生活，形成“我为人人、人人为我”的良好社会风气，许多心理问题也会迎刃而解。

**2. 感恩心理帮助人们确立社会责任感**

懂得感恩的人才能不断内省内察，体谅父母的辛苦和他人的善意，才能体会个体的成长离不开他人的帮助、离不开社会的关怀，也才能体会社会的恩惠和大自然的恩赐，进而才能自觉服务社会、建设社会，树立起维护社会形象和建设社会的社会责任感，从而营造良好的社会氛围。感恩是传统美德，是真善美的行为，是人文素质的重要内容。知道感恩的人，一定是讲道德、讲诚信的人，他们在为人处世方面肯定会获得人们的信任与尊重，因而成为受社会欢迎的人，容易获得承担一定责任的工作和岗位，增强适应社会的能力，从而得到相应的锻炼，进而迅速成长起来。由此可见，感恩心理可以帮助大学生迅速融入社会，在短时间内获得一定的社会资源，在需要支持的时候，这些社会资源都将成为社会支持的重要来源。

**3. 感恩心理有利于构建良好的人际关系，促进社会的和谐发展**

对他人的帮助与关心心存感恩，领悟人与人之间关爱的真谛，可以培养人们良好的人际交往素质，构建良好的人际关系。一个人帮助他人，会得到他人的感激和尊重，这种感激和尊重会促进人际关系良性发展，增强人与人的感情交流，形成一个和谐的社会环境。

## （四）积极的人际关系

一个人的幸福和快乐离不开人际关系的影响，痛苦和不幸往往也离不开人际关系的影响。在人的所有经历中，不管其是痛苦的、快乐的、悲哀的还是幸福的，无不与人际关系密切相关。

人际关系是人们在社会生活中，通过相互认知、情感互动和交往行为所形成和发展起来的人与人之间的相互关系，是人与人之间通过交往、相互作用而形成的直接的心理关系或心理上的距离，它反映了个人与群体寻求满足需要的心理状态。人际关系是在人与人之间发生社会性交往和协同活动的条件下产生的，会对个体的心理和行为产生深远的影响。

人际关系的变化和发展，取决于交往双方在交往过程中物质和精神的需要能否得到满足。因此，人际关系反映的是人与人之间的心理距离。良好的人际关系，尤其是父母与子女、夫妻、亲密朋友之间等关键的人际关系的融洽，是人生幸福最重要的决定因素之一。积极的人际关系的意义，主要包括以下方面。

### 1. 积极的人际关系对社会组织的意义

首先，人际关系是培养社会组织内部“家庭式氛围”的必备条件；其次，处理和协调好人际关系是增强群体凝聚力和向心力的重要手段；最后，处理和协调人际关系也是提高工作效率、完成群体目标、实现人的价值的内在要求。

### 2. 积极的人际关系对个人的意义

善于运用人际关系，建立有效的人际交往是获得成功的关键，主要表现在以下方面。

（1）建立并保持良好的人际关系是人的基本心理需求。当人满足了生存需求和安全需求后，就有了人际交往的需求、受尊重和被爱的需求以及自我实现的需求。即使人只是为了生存和安全也必须进行人际交往，换言之，人在满足任何一个层面的需求时，都必须进行人际交往。

（2）建立并保持良好的人际关系有利于个体的社会化。个体社会化是指人不断学习和掌握充当社会角色的知识、技能及特定的社会规范、准则，以获得社会有效成员资格的过程。个体社会化程度的高低是衡量其成熟程度与能力强弱的尺度之一。良好的人际交往既是个体完成社会化的必备条件，也是其完成社会化的有效途径。

（3）建立并保持良好的人际关系有利于个体的身心健康。愉快、广泛的交往有助于个性发展。良好的人际交往有利于心理健康，体现在三方面：①能起到代偿作用，和谐的人际关系可以部分代替与父母、兄弟姐妹的亲情，可以消除失落感与孤独感；②能稳定情绪，烦恼时有人倾吐，欢乐时有人分享，可以给人带来情绪上的稳定；③有助于自我意识的发展与深化，置身于良好人际关系中能使个体具有归属感、安全感，进而满足自尊心，增强自信心和自豪感。健康的个性总是与健康的人际交往相伴。个体心理健康水平越高，与他人交往越积极，越符合社会的期望，与他人的关系也越和谐。心理健康水平高的人同他人的交往以及人际关系都相对较好，他们拥有着一系列有利于建立良好人际关系的个性特点，如友好、可靠、替他人着想、温厚、诚挚、信任他人等。心理健康水平高者往往来自人际关系状况良好的幸福家庭，这从一个侧面提供了人际关系状况影响个性发展和健康的佐证。

（4）建立并保持良好的人际关系有利于个体事业的成功。良好的人际关系能帮助个体完善品格，开拓思维和眼界，提供信息交流机会，获得事业上的合作支持与帮助，促进个体在事业上不断进取。

（5）人际交往是人生幸福的需要。良好的人际关系对于幸福具有重要意义。一个人生活是否幸福取决于其同生活中其他人的关系是否良好，个体如果同配偶、孩子、父母亲、朋友及同事关系良好，与他人有紧密的情感联系，就会感到生活幸福且富有意义；反之，则会感到生活缺乏目标、没有动力。人际关系的重要性在某种程度上远超过成功、名誉和地位。

综上所述，积极的人际关系是人生幸福的重要决定因素之一。所以为了提高大学生的生命质量，大学生需要建立良好的人际关系，学会与他人相处。

### （五）积极的行动

生命因目标明确而璀璨。人的一生中会遇到许多需要珍惜、把握的事情和机会，也会有很多不平与挫折的经历，但只要每天向目标迈进一点点，成功就会循序渐进地变为现实。

成功者占少数的原因是大多数人没有明确的人生目标以及积极的行动。成功者并不是幻想家和冒险主义者，而是进取的现实主义者。成功者拥有积极心理，不受外界环境的干扰。成功者能够集中精神，执行计划，直至目标实现，显示出积极的个性素质。成功就是一个人事先树立的有价值的目标被循序渐进地变为现实的过程。

成功需要勇气和勤奋，驱使勤奋的动力源于自我的需要。人们参加的活动或从事的工作，不仅应该于己有益、让自己快乐，而且最好对他人、对社会也有帮助，即成就自己、造福他人。此外，人们寻找的快乐也需要是真实的、有意义的。

### （六）健康的生活

身体是人类存在的基础。个人有了健康的身体，才能更加积极有效地投入学习和工作中，更加充分地享受生活的乐趣。因此，大学生需要照顾好身体，保持健康。运动不但能改善生理素质，更能改善心理素质；运动能快速减轻紧张、焦虑的感觉以及增强活力，而且这些功效是长期性的。睡眠有舒缓作用，能帮助消除压力、改善情绪。因而坚持锻炼、充足睡眠和健康饮食习惯都会对身体和精神健康大有裨益。此外，专注力练习及冥想是减压良方。掌握放松精神的技巧，进行冥想等活动可以令人有效得到精神及情绪上的平静。

## 六、积极心理学研究的主要内容

根据赛利格曼的观点，积极心理学应该关注三个层面的内容：一是主观层面，就是研究积极的情绪和情感，即主观幸福感；二是个体层面，即积极人格特质；三是群体层面，即积极的团体和社会制度，包括关系良好的团体、幸福的家庭等。因此，主观幸福感、积极人格特质、积极的团体和制度就是积极心理学研究的主要内容。

### （一）主观幸福感

幸福是一种主观体验。心理学家以个体的主观判断标准来界定幸福，认为幸福就是评价者根据自己的标准对其生活质量进行的综合评价。“主观幸福感”是指评价者根据自定的标准对其生活质量进行的整体性评估，它是衡量个人生活质量的重要综合性心理指标。个体主观幸福感的核心内容是对自己生活的总体满意感，即个人对自己的行为和整个生活质量是满意的，而且这种满意感是全面、深刻、稳定、长久的。另外，幸福虽然是主观的感受，但并不是主观感觉，幸福不是想出来的，而是做出来的，是在做事情过程中产生的积极情感与认知。

主观幸福感包括三个特性：第一，主观性。它存在于每个人自我的经验之中，对自己是否幸福的评价主要依赖个体自己制定的标准，而不依赖他人或外界的标准，人们可能具有同等程度的幸福，但它们的实际标准却是不一样的。第二，稳定性。个体的主观幸福感是一个相对稳定的值，具有跨情景的一致性，反映的是个体长期而非短期情感状况和生活满意度。第三，整体性。主观幸福感不是个体对其某一个单独的生活领域的狭隘评估，而是个体对其生活的整体评价。例如，要了解某个人的生活满意度，并不能仅询问其对工作或家庭等某个方面是否满意，而是要了解他对生活总体的满意度。总之，主观幸福感是个人所具有的一种独特的心理状态，是个人积极体验的核心，同时也是其生活的最高目标之一。

#### 1. 主观幸福感的相关理论

主观幸福感的相关理论主要包括以下四个方面。

（1）遗传和人格理论。气质和人格对主观幸福感有重要的影响，并且人格中的外倾性和神经质与主观幸福感有很强的相关性。例如，在双生子研究中科学家发现，不同家庭环境中长大的同卵双生子在主观幸福感的水平上比在同样家庭环境中长大的异卵双生子更接近。另外，多种方法表明外倾性与愉快情绪存在一定正相关。

外倾性是来自积极情感的个体差异，主观幸福感在受人格影响的基础上，还会受生活事件变化的影响，如果生活状态重回正常，那么主观幸福感的水平也会恢复到正常状态。此外，还有许多其他特质与主观幸福感相关，如顺从、信任、控制、自尊等都与主观幸福感相关。基于格雷（Gray）的人格理论，沃森（Watson）和克拉克（Clark）假设神经质和外倾性分别对消极情感和积极情感具有较高的气质易感性，即对主观幸福感起着气质性作用。

（2）比较理论。比较理论认为，一个人的主观幸福感，是通过将现实的境遇同某一标准进行比较、判断而得到的结果。这一标准可以是内在的，也可以是外在的。当现实条件优于标准时，主观幸福感则高；反之，当标准优于现实条件时，主观幸福感则低。这一理论实际上包含了三个子理论：社会比较理论、适应理论、自我理论。

1）社会比较理论是指个体把自己的能力、感觉、境况、观点等与他人相比较的过程。社会比较是一种横向比较，自己优于别人时，就会体验到幸福感；自己不如别人时，幸福感就会降低。幸福的人常进行向下比较，不幸的人既进行向下比较也进行向上比较。乐观者倾向于注意比自己差的人的数量，而悲观抑郁者则相反。在现实生活中，很多人倾向于拿自己没有的和别人拥有的相比较，拿自己的短处和别人的长处相比较，拿自己现实中的生活情景和电影、电视、互联网等媒体所呈现的典范相比较，从而导致自己不愉快。这种不幸福与消极的社会比较有很大关系。

2）适应理论是同一个体在不同时间的比较，是一种纵向比较。如果说社会比较是拿自己和别人比，适应理论就是自己和自己进行纵向的比较。个人现在的生活比过去好，就会感到幸福；现在的生活比以前差，则会降低幸福感。这种情况在日常生活中十分常见。个体过去的生活实际上为将来的各种生活事件建立了一种比较的参照标准，当个体判断他的生活条件比过去优越时，就会体验到幸福感。一般而言，第一次出现的事件，根据其性质的不同，会让人产生幸福感或不幸感。但当事件重复出现时，它就会逐渐失去激发情感的能力。因为，人们可以逐渐适应好的环境，不再感到幸福；反之，人们也可以逐渐适应坏的环境，不再感到不幸。这时，只有事件的改变才可再次引发情感的变化。但人们的适应力又是很强的，以至于有时根本觉察不到事件改变的影响。这个理论可以很好地解释生活事件对主观幸福感影响较小的原因。

3）自我理论源于心理学对于自我的划分，它也相当于适应理论的一个分支。心理学中把自我划分为“理想自我”和“现实自我”两个部分，而自我理论中比较的标准就是理想自我。当现实自我优于理想自我时，个体的主观幸福感就会提高；而当理想自我与现实自我相差较大时，个体就有可能产生很多消极情绪，从而降低主观幸福感。例如，理想中的自我是一个有修养、有气质、收入高、受人尊重、人际关系良好的人，若现实果真如此，个体会感到很幸福；而若现实与此有很大差距，个体会感到失败、沮丧。

（3）目标理论。目标理论认为，主观幸福感产生于需要的满足及目标的实现，目标和价值取向决定人的幸福感。如果生活中设定了合适的目标，就能够使人的生活更加有意义，而且能使人产生自我效能感。目标与人生活的文化息息相关，不同文化背景下的人，目标种类、结构、向目标接近的方法不尽相同，只有目标与个人的生活背景相适应，才能提高主观幸福感。例如，当个体的目标与内心的需要相一致时，实现目标才能提高主观幸福感。研究者发现，生活环境与主观幸福感的相关性仅为中等。随着经济的迅速发展，人们收入剧增，但是发达国家的人民主观幸福感并没有随着收入的剧增呈现快速上涨的趋势，而是平稳发展。这是因为人们的预期随着收入的增加而增加，所以主观幸福感并未显著提高。

（4）活动理论。活动理论认为，主观幸福感产生于活动本身而非活动目标的实现。例如，篮球爱好者们在打球时互相支持，互相协作，时而欢呼，时而惋惜，每个人都体验到了参与活动的快乐，这时比赛的输赢并不是人们最关心的重点。快乐来自有价值的活动本身。人们在全心全意投入自己喜爱的活动中时，个人、行动和意识交融在一起，整个注意力集中在有限的固定刺激上，无视时间的流逝，达到一种物我两忘的境界，会经历一种难以言喻的喜悦。这种理论与幸福在追求的过程中的说法接近。

**2. 幸福感对健康的影响**

幸福是一个人积极体验的核心，同时也是其生活的最高目标之一。幸福的核心内容是对自己的总体满意感，这种满意感是全面且深刻、稳定而长久的，所以对人的身心健康具有较大影响。幸福虽然是主观的感受，但它是行动产生的积极情感和认知，幸福在于在做正确事情的过程中实现了自我潜能，获得了安全感、幸福感以及个人成长。同时，幸福有别于快乐，是一种比快乐更加高级和复杂的情感。快乐是即时的、与正面刺激有关的身体反应，在快乐面前人是被动的，快乐不一定幸福，快乐有时甚至是对幸福的损害。

在心理学中，幸福是指人类认识到需要得到满足以及实现理想时产生的一种情绪状态，是由需要（包括动机、兴趣）、认知、情感等心理因素与外部因素的交互作用而形成的一种复杂的、多层次的心理状态。幸福是人们根据自己的标准对其生活质量进行的评价，是衡量个人生活质量的重要综合性心理指标。

人的主观幸福体验能够通过影响免疫系统来影响身体健康，与那些缺乏主观幸福感的人相比，一个主观幸福感体验更强的人，其免疫系统的工作也更为有效。例如，笑能促进人的积极情绪和改善免疫系统功能，更重要的是，这种改善是通过积极情绪的主观体验来调节的，这表明主观幸福感产生的积极情绪能够促进健康。幸福是一种主观体验，个人一旦体验到生活的意义就产生了幸福感。

### （二）积极人格特质

积极人格特质是积极心理学的重要构成部分。如果能在社会生活中以一种积极合理、乐观向上的方式处理各种问题，长期坚持这样的处事方法，并形成这样的思维习惯，积极人格特质便也形成了。积极人格特质能够很好地帮助人们去面对生活中的各种问题，提高自身遇事的处理能力。积极人格特质主要包括以下方面。

**1. 潜能**

潜能，也称能力倾向，是在当前发展阶段已经显现出的一种潜在的、有助于某项活动顺利进行的可能性。潜能不会自动成为现实的能力，这种可能性必须通过学习、培训及其他手段才会转化为实际能力。

潜能是人类原本具备却忘了使用的能力，它藏在潜意识中。潜意识内聚集了人类遗传基因沉淀的资讯，它囊括了人类生存最重要的本能与自主神经系统的功能，即人类过去所得到的几乎所有的生存信息。然而，因为潜能具有隐藏性，许多人并不能够有效地发挥自我的潜能。

潜能包括生理潜能和心理潜能。生理潜能是指人的生理组织状况，特别是脑神经结构及其机能。生理潜能具有生理解剖上的特性，是人类在自然进化中所获得的全部成果的积淀、内化和浓缩，并通过生物基因遗传的方式而得以保持、巩固和延续。生理潜能是潜能结构中的基础，是人的潜能素质结构赖以存在和发展的物质载体。

心理潜能是指人的心理活动赖以开展的那些相对稳定、内在、深层的动力倾向性的基本心理品质，是个体心理活动的动力根源。心理潜能由两个层次构成：一是内在的驱动倾向性的心理素质，其内容包括需要、兴趣和动机；二是内在的自我调控性的心理素质，其内容包括性格、信念和意志。

**2. 乐观**

积极心理学强调人最难改变的是看待事物的视角，快乐与否在大多数情况下取决于主观意识；态度不同，心情自然也不同。乐观是指遍观世上人、事、物，皆觉快乐而自足的持久性心境。心理学中对于乐观的定义主要有乐观人格倾向和乐观解释风格两种。

乐观人格倾向，也可称作气质性乐观。乐观是一种比较稳定的人格特质，代表人们对未来积极事件发生的一般期望。乐观人格倾向理论将人视为连续体，一端是乐观者，通常认为好事会发生；另一端是悲观者，一般认为坏事会发生，并且人们可以表现出较为稳定的乐观或悲观倾向。乐观的人格特质能够使个体对自己形成一种重要而又健康的自我暗示。

此外，乐观可以被当作一种可以由后天习得的解释风格。解释风格是指个体对成功或者失败进行归因时表现出来的一种稳定倾向。解释风格分为两种：乐观解释风格和悲观解释风格。一个人之所以乐观，主要是因为这个人善于把消极事件、消极体验及个体所面临的挫折或失败归因于暂时、外在、特定的因素，这些因素不具有普遍的意义。与此相反，一个人之所以悲观则是因为这个人习惯把消极事件、消极体验及个体所面临的挫折或失败归因于稳定、内在、普遍的因素。乐观解释风格理论主要认为乐观是个体对其经历过的事件的归因模式，是认知的个性变量，是个体人格特征的重要表现形式之一。

气质性乐观和乐观解释风格都认为乐观是一种稳定的人格特质，但是它们又是从不同角度来定义乐观的。气质性乐观是指个人对未来目标的总体期望，代表的是乐观的直接含义；而乐观解释风格则通过对过去特定事件的归因方式评价个人的乐观水平，它与乐观是一种间接的关系。总之，对于乐观的定义可以理解为乐观作为一种重要的人格特质，是建立在积极的解释风格（归因方式）基础上的对未来事件的积极期望，它是调节人的心理健康和身体健康的一种重要内部资源。

乐观的作用主要包括以下方面。

（1）乐观可以促进健康。认知是决定身体健康的一个很重要的因素，对健康的看法会督促个体采取行动改善自身的健康状况。积极的情绪状态能够防止和减少疾病的发生，乐观能够保护人们少受疾病侵扰，乐观者比悲观者较少受到传染病的感染，甚至乐观者寿命更长。另外，乐观还可以促进心理健康。与悲观者相比，乐观者适应性强，对生活的满意度较高，产生抑郁的可能性较低。例如，乐观的大一新生有较低水平的压力、抑郁和孤独感，能感受到更多的社会支持，相较其他新生，更能够适应大学新生活。

（2）乐观可以增进成就。乐观者和悲观者之间的差异并不在于目标本身而在于他们在实现目标过程中的差异。越是乐观的人，越是能够积极地期待着实现生活中的那些目标。除了期望实现目标之外，乐观者还对树立的目标表现出较强的执着度和忠诚度。悲观者即便认为自己的目标是重要的，仍无法保持对目标的执着，不相信它一定能够实现，因而总是想要停止努力，这也降低了目标实现的可能性。

（3）乐观可以让人们获得更多资源。乐观的人更愿意和人交往，这样他们便有可能获得更多的社会支持资源，如朋友的帮助、同事的支持、领导的赏识，从而拥有更多提升自身能力的机会。乐观者拥有更高的自尊，在遇到挫折时，会用一种更积极的心态来评价和分析压力情境，采用任务定向的应对策略，寻找问题解决的方法，寻求社会支持系统；自我接纳并进行自我改进，积极再定义压力事件，利用爱好或兴趣转移注意力、克服困难，获取更多的资源帮助自己前进。

（4）乐观可以让人们得到更多认同。在日常生活中，乐观的人更容易用自己积极的情绪感染他人，他们的言语和行为更易得到认同，因此，成功的概率也会相应增加。

乐观者具有的特征一般包括：①接纳、认可自己。乐观的人对自己采取一种肯定的评价态度，能够自我认可、自我接纳。②包容他人。对他人采取包容的态度也是乐观者的一个特征。乐观者在与他人相处时，通常能够较多地认识到别人的优点和长处，体谅别人的情绪感受，并乐于同他人交往，能够在与他人的交往中获取有益的知识和经验。③能够从积极的角度思考问题。乐观者常能够以辩证的态度看待周围世界和客观事物，从积极的角度思考问题，在低谷中看到转机。意志坚强的乐观者面对诸多问题时，总是抱着仍有可为的态度，遭遇变故时反而会更加坚强。④具有坚定的信念。乐观者对于自己认准的目标非常执着和坚定，不会因为一两次失败动摇自己的信念。

**3. 自我独立思考能力**

自我独立思考能力是积极人格特质中一项较为重要的特质，一个人对问题是独立思考还是依赖他人，对这个人的成长起决定性的影响。自我独立思考能力与先天条件、成长环境、后天学习与激励三个方面有着密切的关系。除此之外，后天社会价值观念的影响和生活经历的磨炼也会影响自我独立思考能力的成长和提高。

**4. 创造力**

创造力是产生新思想，发现和创造新事物的能力，是成功完成某种创造性活动所必需的人格特质，也是现代社会人才培养的重要内容。作为积极心理学的重要研究内容，创造力主要表现为发散思维和变通能力。天才往往具有极强的创造力，他们在自己擅长的领域能够表现出极强的主动性和创造性。

**（三）积极的团体和制度**

积极的团体和制度可以有许多不同的形式和特征，以下是一些常见的积极团体和制度。

**1. 公益组织和非营利组织**

这些组织致力于社会公益事业，如救助贫困人群、保护环境、推动教育发展等。它们通过积极的行动和资源投入来改善社会问题和帮助弱势群体。

**2. 社区团体和居民协会**

这些团体致力于增进社区凝聚力和协调邻里关系，通过开展社区活动、维护社区设施、提供社区服务等方式，为社区居民提供支持和帮助。

**3. 学术机构和研究团队**

这些团体致力于知识的创造和传播，推动科学研究和学术进展。它们通过合作、交流和知识分享，为社会和人类进步作出贡献。

**4. 履行社会责任的企业**

一些企业致力于履行社会责任，通过实施环境保护、慈善捐赠等举措，在社会层面产生积极影响，如提供就业机会、改善基础设施等。

**5. 民主政府和法制制度**

民主政府和法制制度为社会提供基本的公正和权益保障。它们通过民主选举、法律和法规的制定和执行，保护公众利益，维护社会秩序和公序良俗。

**6. 国际组织和多边合作机制**

国际组织和多边合作机制促进国家间的合作与协调，解决全球性问题。影响力较大的国际组织包括联合国、世界卫生组织、世界贸易组织等。

以上这些团体和制度的积极性体现在它们的使命和目标上，它们以改善社会环境、保护公众利益为导向，并通过积极的行动和政策来实现这些目标。它们对社会的发展和稳定起着重要的作用。

## 第二节　大学生积极心理品质的培育

人不能决定生命的长度，但可以把握它的宽度；不能左右天气的阴晴，但可以改变自己的心情；不能改变自己的容貌，但可以展现自己的笑脸。对于大学生而言，也是如此。大学生只有拥有积极的心理品质、追求积极向上的力量，才能使自己的学习和生活更加充实、幸福、有价值。

### 一、大学生积极心理品质的内容

积极心理品质是一种正向的、主动的心理品质。大学生积极心理品质表现在体验、自我意识、情绪、学习、人际交往等诸多方面，表现为积极体验、积极自我意识、积极情绪、积极学习心理、积极人际交往心理、积极抗挫心理、积极恋爱心理、健康网络意识等，此处就积极体验展开论述。体验是人对外界的各种刺激所作出的心理反应。积极体验主要包括满意、福乐（Flow）和希望等。

#### （一）满意

满意是一种积极心理品质，是个体对自身生活、成就和经历的一种积极评价和感受。在大学生积极心理品质的培育过程中，培养满意心态具有重要意义。首先，满意心态可以促进大学生的心理健康。在面对学业压力、人际关系等挑战时，保持对自己积极的评价和满意感，有助于减轻焦虑和抑郁等负面情绪。通过正面的自我反馈，大学生能够更好地应对挫折，保持内心的平静和坚韧。其次，满意心态有助于提升学习动力和成就感。大学生在积极评价自己的学术努力和成就时，会更加愿意投入精力，追求更高的目标。他们会更有动力去克服困难，不断进取，从而在学业上取得更好的表现。满意的心态还能够增强大学生对自己的肯定，激发他们的创造力和创新能力。最后，满意心态也有助于改善人际关系。一个满意、自信的个体更容易与他人建立积极的互动和合作关系。他们会更愿意分享自己的想法和经验，同时也更能够理解并尊重他人。通过积极的人际交往，大学生可以拓展人脉、获取支持，进一步增强自己的满意感。

人们过去的经历可能会对现在或将来产生一定的影响，但是这种影响其实是通过人回忆过去产生的情绪体验来起作用的，并不是过去的事件仍在真实地起着作用。因此，对于大学生而言，应该积极地面对过去，能够坚持就是胜利。

## （二）福乐

心理学家米哈里·契克森米哈赖（Mihaly Csikszentmihalyi）毕生致力于研究成功人士的高峰体验和巅峰表现。他在20世纪70年代提出了Flow这个概念。Flow除福乐外，有很多种中文译法，如沉浸、心流、流畅、神迷、流动、意识流、行云流水等。

福乐是一种感觉、状态和体验，是指一个人在自觉自发的前提下，对某一活动或事物表现出浓厚而强烈的兴趣，并能推动自己完全投入进去，把自己的优势发挥到极致，进入一种完全沉浸其中的状态。它包含愉快、兴趣、忘我等情绪，同时伴随着高度的兴奋感和充实感。在这种状态下，人完全意识不到时间的流逝和周围环境的变化。在这种情绪体验中，个体不仅会期待结果的出现，更重要的是过程中的每一步都是对个体自身的奖赏和鼓励。

福乐主要有以下特征：①个体会强烈地把注意力集中在当前从事的活动上；②意识与正在从事的活动合二为一；③会暂时失去

一些自我意识；④能认识到自己有能力掌控自己当前的行为活动；⑤会出现暂时性体验失真；⑥活动体验本身成为活动的内在动机，通常情况下完成活动就是进行活动的最好理由；⑦具有直接的即时反馈，活动的每一个环节都是对上一活动环节的反馈；⑧个体所感知到的活动的挑战性和自身的技能水平间具有平衡性；⑨有明确的活动目标。

### （三）希望

希望既包括情感成分，又包括认知成分。如果把希望归入情感领域，那么希望是一种情绪体验，一种在个体处于逆境或困境时能够支撑个体坚持美好信念的特定情绪，与日常生活中的希望概念相似。如果把希望归入认知领域，那么希望本身就是一种使个体维持朝向某种目标活动的思维和信念。

满怀希望的人虽然也像其他人一样经历很多挫折，但是他们形成了自己能够应对挑战和不幸的信念，并坚持进行积极的自我对话。当实现目标的过程中遇到阻碍时，满怀希望的人较少体验到消极情绪，这可能是因为他们创造性地找出了其他可替代性的达到目标的方式，或者灵活地选择了其他更容易达到的目标。遇到困难时，满怀希望的人倾向于把大的、模糊的问题，变成小的、确切的、可控制的问题。

## 二、大学生积极心理品质的养成

大学生积极心理品质的养成主要从学校和大学生自身两个方面着手。

### （一）学校方面

#### 1. 全员育人，激发学生积极应对问题的潜能

全员育人是一种教育理念，强调不仅是教师，而是整个学校乃至社会的各个成员，都应该共同参与学生的教育和成长过程，这种理念的目标是培养学生全面发展的各种能力，包括认知、情感、社会和实践等方面，使他们能够在面对各种问题和挑战时积极应对并发挥潜能。

**2. 开展精品活动，增强学生感知幸福的能力**

高校要广泛开展丰富多彩的心理健康教育活动，并与时俱进，不断改革创新，创设精品，确保活动的实效性和发展性，满足变化中的学生心理需求，帮助学生增强感知幸福的能力。

**3. 加强组织建设，提高学生自助与互助的主观能动性**

学校要加强心理健康教育网络中的学生组织建设，选拔身心健康、热情开朗、乐于助人的班级心理健康委员和宿舍心理健康信息员加入网络建设中，然后由专业的专职或兼职心理辅导教师开展各种形式的培训。此外，学校应组建大学生心理健康协会或社团，鼓励学生团体独立开展活动。在开展各项活动的过程中，学生自己发现和提出问题、设计主题、独立解决问题，更有利于提高心理健康教育的针对性和实效性。

**4. 积极防控，促进学生正向发展**

学校要为学生建立心理健康档案，进行面对面的筛查，及时发现大学生中存在的心理健康问题，采用有的放矢的积极干预措施，开展团体心理辅导活动，安排乐于助人、身心健康的学生作为辅助志愿者参与其中，促进学生正向发展。

**5. 运用多种心理辅导方法，激发学生正能量**

一方面，高校心理辅导员要树立积极的人生观和心理健康观等，在探寻问题产生的根本原因的基础上，引导学生从问题本身获得积极的体验，积累成功经验，激发学生正能量，提高其自信心。另一方面，高校心理辅导要灵活运用多种积极的心理辅导方法，如采用“合理情绪疗法”，引导学生改变认知模式，用合理信念取代不合理信念，并强化其积极心理品质。

**6. 凝聚学校、家庭、社会的合力，构建积极组织系统**

虽然学校在大学生心理健康教育中起主导作用，但家庭是影响大学生心理发展的重要因素，也是引起大学生心理问题的重要根源地，而社会也从物质因素、文化环境或主流价值观等方面影响着大学生的成长。因此，对于大学生尤其是新生要重视“学校-家庭-社会”互动网络建设，共同打造积极的育人环境。一方面，学校教育与家庭教育要密切配合，保持高度的一致性，学校通过分发或邮寄相关心理健康教育资料、网站建设等手段，宣传、普及积极心理学知识和理念，帮助家长树立正确的教育观，形成良好的民主性家庭教育氛围，引导家长充分了解孩子，尊重孩子，提升孩子的主观幸福感，积极引导孩子的健康发展。另一方面，社会各界包括教育行政部门、大众媒体等都要高度重视大学生的心理健康教育，充分体现积极心理学理念下的人文关怀和科学精神，更多地从智慧、勇气、仁爱、公正、节制、卓越等积极层面去激发他们的青春活力和正能量，培养他们感恩社会、奉献社会的精神，鼓励他们积极适应社会环境。

### （二）大学生自身方面

#### 1. 树立符合实际的奋斗目标

大学生要摆脱心理上的困惑，就要为自己设定一个远大的目标。当然，目标并非越大越好，如果目标大到实现不了，目标本身就失去了价值和意义。一个符合实际的目标，既要有能达到的把握，又存在适度的风险；既能通过自己的努力实现，又能在实现后让自己感到满意。

#### 2. 了解自我，悦纳自我

首先，大学生要学会多方面、多途径了解自己。其次，大学生要学会从周围获悉对自我的真实反馈。如果大学生不能正确分析从周围同伴处获取的有关自我的信息，就会造成自我认识偏差，不能客观、正确地了解自我。再次，大学生要学会从社会生活经验中了解自我，积极参加各种社会实践活动，在实践中锻炼自己的能力，并扩大自己的社会接触面，积累经验，增进对自我的了解。从次，大学生要热爱生活。五彩缤纷的生活是快乐的源泉，大学生不应用不切实际的标准去奢求生活，而要用合理的标准来对待生活、看待自己，做到知足常乐，唯有如此，才能保持心情的舒畅和精神的振奋。最后，大学生要避免用唯一标准来衡量自己。

#### 3. 学会管理和调整情绪

大学生要培养乐观主义精神。积极乐观的精神能促使人保持良好的情绪状态，从而轻松、从容地应对生活。此外，大学生要合理宣泄不良情绪。大学生要学会利用或创造某种条件，以合理的方式把压抑的情绪倾诉和表达出来，以减轻或消除心理压力、稳定情绪。宣泄是一种释放，宣泄的过程也是人们进行心理自我调整的过程，宣泄是缓解心理问题最重要的环节之一，良好的宣泄能使心理困扰得到缓解。大学生可以采取倾诉、书写、运动等方式进行合理宣泄。

**4. 运用积极的心理防御机制**

心理防御机制是指个体面临挫折或冲突的紧张情境时，在其内部心理活动中具有的自觉或不自觉的解脱烦恼、减轻内心不安，以恢复心理平衡与稳定的一种适应性倾向。常用的心理防御机制包括积极和消极两类。积极的心理防御机制在使大学生心理挫折得到一定缓冲的同时，还可能表现出自信、愉快、进取的倾向，从而有助于大学生战胜挫折；消极的心理防御机制只能暂时稳定情绪，不能从根本上解决大学生的心理困惑，只能暂时使用，不能长期依赖。

## 第三节　大学生积极心理健康教育的意义与价值

积极心理健康教育理论认为，既往的心理健康教育将重点放在心理疾病的诊断和解决痛苦上，关注学生的问题和问题学生，忽视了开发人的潜能和培养积极心理品质，属于治标不治本的教育。心理健康教育的未来发展方向应是在诊断性和矫正性心理健康教育的基础上，大力推行积极心理健康教育，对人性秉持积极的评价取向，增进个体的积极心理品质，开发人的内在潜能，以人固有的、实际的、潜在的和具有建设性的力量、美德和善端为出发点，用积极的心态来对人的心理现象（包括心理问题）进行解读，从而激发人自身内在的积极品质，让个体主动创造幸福，分享快乐，使自身潜能得到最大限度发挥，保持生命最佳状态，从而提高心理免疫力和抵抗力。

由此可见，积极心理健康教育是在积极心理学理论的指导下，通过在教育活动中增加学生的积极体验、激发学生积极力量、优化学生心理品质，最大限度地挖掘其心理潜力并帮助其过上幸福生活，使个体生命更富有意义的教育活动。

## 一、预防心理问题的出现

在生活中，经历同样创伤事件的人，有的会出现某些心理问题，而有的却能免受创伤事件的影响，继续平静地生活。积极心理学将其解释为面对相同的情境，个体先前的积极经验可以保护其免受后来创伤事件的影响，先前的积极经验也能使人们对心理问题产生一定的免疫性。因此，通过积极心理健康教育，培养学生乐观、希望、感恩、幸福感等积极心理品质，相当于给他们的心灵“注射疫苗”，从而帮助他们在生活中遇到困难、挫折及失败时进行免疫。

## 二、促进大学生的全面发展

学校教育较为重视学生智力、学业成就、特长等方面的培养，对学生积极情绪培养、心理韧性提升与乐观、希望、宽容等个性培养则较少关注。通过积极心理健康教育，培育学生的心理资本，有利于构建个体心灵更完善的结构。其中，既包括“智”的发展，也包括“心”的发展，通过“智”的发展培养出的形象思维和逻辑思维能力、聚合思维和发散思维能力、阅读能力、计算能力、写作能力以及操作技能，构成了个体的硬实力；通过“心”的发展培育出的乐观、韧性、希望、爱、责任感、主观幸福感等构成了个体的软实力。两种能力相互促进，协同发展，共同促进个体心智的成熟和完善。

## 三、帮助大学生构建美好生活

人生最终的目的都是为了获得幸福的生活，成就美好人生。物质富足是愉悦的生活，但愉悦的生活并不是美好的生活。所谓美好的生活，必然是投入的生活，即个体能全身心投入到他们所从事的事业中，通过发现并发挥自己的优势和美德，从而获得真实的幸福感和丰富的满足感，尽情地体验“心理流畅（Mentalflow）”。在这个追求美好生活的过程中，大学生作为年轻一代的代表，扮演着重要的角色。他们正处于自我认知和价值观塑造的关键阶段，积极心理健康教育对大学生美好生活的影响愈发显著。积极心理健康教育不仅可以帮助大学生更好地认识自己，理解自己的优势和特点，还能够培养他们积极应对问题的能力，从而让他们在面对挫折和困难时能够更加坚韧和自信地前行。

此外，最高层次的幸福生活是有意义的生活。个体在各种生活事件中寻找生命的意义。人到了某一个时刻，总会开始思考，生命的目的是什么，该如何实现人生的意义和价值，从而将生命与更宏大的目的连接，这个目的越是超越自身，生活就越有意义，有意义的生活可以让个体将自身优势应用于增加知识、力量和美德上，从而孕育出属于自己的幸福生活。因此，大学生在追求美好生活的过程中，除了对物质的追求，还需要通过积极心理健康教育，培养积极向上的心态、增强应对挑战的能力，并在生活中不断寻找和实现个人的意义和价值，从而创造出充满幸福和意义的美好生活。

# 第二章

# 大学生积极人格、自我意识与情绪的培育

积极心理品质对于形成正确的自我概念，建立良性的社会互动，培养积极的群体意识，促进社会的和谐稳定具有重要的社会学价值。从社会学的视角来解析，影响大学生积极心理品质培育的因素主要有家庭环境因素、学校教育因素、同龄群体因素、社会环境因素和大众传媒因素。本章主要围绕大学生积极人格分析、大学生自我意识及其培养方法、大学生情绪与积极的情绪体验展开论述。

## 第一节　大学生积极人格分析

### 一、积极人格的含义和特点

#### （一）积极人格的含义

积极人格特质是人固有的、实际的、潜在的、具有建设性的力量，是人的长处和美德。积极人格特质与天赋的不同之处在于积极人格特质并非完全天生形成，而是更多地依靠后天的发现和培养。人格是一个复杂组织，它在日常生活中支持着个体的认知、情感和行为，人格的形成受遗传因素和后天各种生活经验影响。积极人格理论并不认为没有疾病或问题就是积极，即没有人格缺陷或没有人格障碍并不一定就是积极人格。所谓积极人格指的是个体能在生活中不断主动追求幸福并时时体验到这种幸福，同时又能使自己的能力和潜力得到充分发挥。综上所述，积极人格是个体积极的思想和情感，以及由其所引导的外在行为。

### （二）积极人格的特点

简单而言，积极人格具有以下特点。

**1. 积极人格倡导积极向上**

积极人格倡导乐观、希望、爱、宽容、智慧、卓越等积极向上的品质，积极人格所倡导的是在不同文化背景下的人公认的积极力量和美德，而不仅仅是不存在消极人格的状态。

**2. 积极人格帮助个体应对挫折**

积极人格可以帮助个体更好地对抗挫折、应对困难和挑战，从而更好地作出决定和采取行为解决问题。

**3. 积极人格能带给个体更多的积极情绪**

当个体体验到较多积极情绪时，就会增加个体的自我效能感，拥有乐观的心态，从而易于取得成功。积极人格会显著增加个体的积极情绪体验，减少消极情绪，从而使个体处在一种良好的情绪氛围中。同样，积极的情绪体验能为积极人格的形成提供一种良好的情绪氛围，在积极情绪的感染下，自我效能感、主观幸福感等指标都会提升。

**4. 积极人格促使人们追求幸福**

积极人格特质会促使个体开放性地接受外部世界，与他人相处得更加融洽，并在工作中更加高效，在生活中更加幸福。积极人格会促使个体内部形成一种追求幸福的内驱力，在这种内驱力的驱使下，个体会更加追求自我实现，使自己更幸福。

**5. 积极人格引导更多人采取积极的行为**

每当个体的行为体现出积极人格特质时，周围的人感受到这种积极人格特质便会被感染，也采取一些积极的行为，而不是感到自己的积极人格特质被削弱。

**6. 积极人格是可以被培养和开发的**

只要通过一定的引导、训练和干预，就可以达到培养积极人格的目的。

## 二、大学生积极人格的塑造

积极人格能够帮助大学生更好地应对挑战和适应社会，同时它又是可以通过后天的培养和努力得以塑造和提升的，因此我们应该进一步探究塑造大学生积极人格的有效途径，培育大学生的积极心理品质和人格特质，切实促进大学生的全面发展。

### （一）大学生塑造积极人格的个人方面

大学生的人格发展阶段虽然处于塑造期，但是他们已经具备了一定的判断能力和反思能力，因此，我们要充分发挥大学生在其积极人格培养过程中的主体作用，让其在认知方式和积极体验上发挥主观能动性。

#### 1. 建立合理的认知方式

解释风格可以被理解为是一种认知方式，具有乐观解释风格的人通常具有较为合理的认知方式，尤其在面对挫折时，对事件原因的认定不会影响他们取得下一次成功的信心，进而能更加乐观地迎接挑战。而具有悲观解释风格的人则会在偶尔或多次的失败中丧失信心，对未来丧失憧憬，否定过去、现在和将来，这就是一种不合理的认知方式。从以上分析中我们可以看出，认知方式是个体内部构建的一个对信息进行加工的系统，虽然与外界影响有关，但更多的还是以个体为主导。建立合理的认知方式，可以帮助大学生增加积极情绪，形成乐观的解释风格，培养他们的积极人格。

大学生是具有反思能力的个体。在反思中运用恰当的方法，如树立信念、建立信仰和增强意志力等，学会变换角度看待问题，就可以建立合理的认知方式。比如，树立“只要努力就可以获得成功”的信念，在反思过去的失败经历中发现自己努力不够，便会给自己积极的暗示，愿意付出努力取得下一次成功。再比如，在回忆过去经历的挫折、苦难时，学会换个角度看待问题，把它们看作一次次学习和历练，鼓励自己不断克服困难，便会增加抗挫折的韧性。相应地，建立这种合理的认知方式后，大学生会更加善于变换角度看待问题，并养成反思的良好习惯。

建立合理的认知方式除了要构建个体内部的认知系统外，与外界积极事物建立紧密联系也十分重要。个体可以通过对外界积极事物的学习来指导自己的认知、思想和行为，最终形成积极人格。这是积极人格的一个显著特点，即当他人体现出积极人格时，个体会希望向对方靠拢，激发自身的积极人格特质，而不是感觉自我的积极人格特质被削弱。这种建立合理认知的方式可以通过积极寻找榜样等途径来达到。

大学生经历过高考考验，十几年的教育学习经历提升了他们的智商、涵养和其他方面的素质。因此，相较文化水平较低的人群，大学生可以更加深刻地理解他人、社会，同时由于当代大学生所处的时代环境，他们倾向崇拜偶像，并希望和其崇拜的偶像在某些方面取得一致。因此，寻找一个积极的崇拜对象就显得尤为重要。例如，《感动中国》节目每年评选出“感动中国十大人物”，他们是在道德、工作等方面的楷模，从党政机关工作人员到各行各业的模范精英，现如今更有越来越平民化的趋势，他们的事迹感染着我们，带给社会一股正能量，促使人们更关注一些积极、阳光的事物，令人深受鼓舞并愿意付出努力去学习和实践。

**2. 增加积极体验**

积极体验包括积极情绪体验、成功体验和控制体验等，但实质都是指个体通过体验之后产生的积极情绪，它可以有效促进个体增加自我效能感、希望、乐观和韧性，更好地帮助大学生塑造积极人格。积极情绪遵循“扩展-建构”原理，即体验积极情绪，可以使它在你的身体里逐渐建构促进体验更多积极情绪的系统。积极情绪体验并不是完全消除消极情绪的结果，而是通过增加积极情绪体验来抵消消极情绪。

（1）大学生要学会反驳消极思维和打破思维的栓结。消极思维和消极情绪相辅相成，当消极思维产生时，个体就容易陷入消极情绪的深渊。

1）学会反驳消极思维。质疑消极思维能有效地将消极情绪扼杀在萌芽状态中。当个体尝试质疑消极思维时，至少不会让这种消极思维发展下去，进而令消极情绪无法靠近。

2）学会打破思维的栓结。我们常常陷入不断地反思某个消极事件的僵局中，并一次又一次地质疑自己或他人。但这种模式显然并不能真正解决问题，反而使情绪低落。这时个体要意识到这种思维的害处，并努力让自己的精力转移到其他有益健康的事情上去，比如跑步、游泳、阅读、聊天等，这种有益的“分心”可以帮助个体打破思维的栓结，让消极情绪离我们远去，这样才能迎接积极情绪的到来。

可以看出，这两种减少消极情绪的方法必须从个体自身出发，即个体要形成对消极思维、消极情绪的正确认知，学会与它们抗衡，甚至战胜它们。因此，大学生在增加个人积极情绪体验时要注意培育这种客观、合理的认知。

（2）大学生要学会反思，从过往的经历中总结经验。人的一生虽然短暂，但经历却极为丰富。个体从出生到长大成人，会经历很多事情，其中有积极的事情，也有消极的事情。要使生活欣欣向荣，就要不断地体验积极情绪，而这种积极情绪是可以由个体选择和创造的。大学生是具有反思能力的人，一个乐观的大学生，可以在反思过去的消极事件时总结和吸取经验教训，这样做不仅会消除消极情绪，更会增加积极情绪，因为他们把在这种反思中学习的经验当作一种知识，视为一种财富。这种良性的反思十分值得体验，大学生可以通过书籍或视频资料等学习冥想，在不受干扰的冥想中学会品位过去的美好经历，集中精力感受身体和心灵的变化，这样会使消极事件变成自己的一次学习和挑战，积极事件变得更加美好，这些都是可以从反思过去的经历中领悟到的经验和道理。个体会在这个过程中体验到宁静、放松和爱，变得更加自信，甚至会改善自己与他人之间的关系，帮助增加自我的积极情绪体验，有助于下一次的成功。

### （二）大学生塑造积极人格的家庭方面

家长的每一句话、每一个举动、每一个眼神，甚至看不见的精神世界，都会带给孩子潜移默化的影响。家庭在塑造大学生积极人格中发挥着重要作用。

#### 1. 营造和谐的家庭氛围

生长在幸福家庭中的孩子较容易形成积极人格，生长在不幸家庭中的孩子也较容易形成消极人格，但二者不是简单的一一对应关系。但不能否认的是，和谐的家庭氛围确实更容易形成民主型的教养方式和更亲密、安全的亲子关系，便于更好地培养子女的积极人格。

虽然大学生多数求学在外，很少回家，但家庭环境的和谐依然对大学生起到重要作用。大学阶段与以往阶段不同，家长对大学生的教育应主要集中在非智力方面，如人生规划、社会适应以及为人处世等。家庭环境不和谐会影响大学生塑造积极人格。因此，父母在子女大学阶段要给予其持续的关爱，引导他们树立积极的生活态度，用发展的眼光看待他们，培养他们的积极人格。

和谐的家庭环境还包括民主型教养方式。民主型的教养方式不会溺爱子女，会培养子女吃苦耐劳、理解他人、尊重他人的积极品质，帮助他们融入集体环境中。如今部分家庭对子女过度溺爱，导致子女缺乏独立自主的能力。

**2. 注重家庭的感恩教育**

父母是孩子的第一任老师，父母的一言一行都是孩子学习和模仿的素材，因此，要教会孩子感恩，父母必须懂得感恩。父母可以通过带领孩子多参与家庭活动和社会活动等引导孩子学会感恩。大学生的人格还处在塑造期，来自家庭、学校和社会的影响可能在很多方面存在不一致，导致他们的心理受到影响。此时，家庭感恩教育更不能放松。家庭感恩教育要纠正他们的认知偏差，父母应耐心开导和亲身实践帮助他们消除这一心理问题。父母可以邀请大学生子女经常参加家庭活动，如为家中老人做饭、做家务等；还可以引导大学生参与到帮扶、救助活动中来，如资助贫困山区的学子、参加志愿者活动等。在活动中引导大学生用感恩的心对待家人、朋友甚至是陌生人，体验助人的快乐，并将这份心境扩散给更多的人。那些得到社会资助的家庭，更应对来自他人和社会的帮助心存感恩之情，鼓励孩子更加努力学习，将来回报社会。

**3. 培养大学生应对事件的能力**

韧性是积极人格中一个比较重要的特质，强调的是一种应对能力，即只有当事件发生时才会体现出的能力。而这种能力归根究底，是乐观的解释风格。不论是好事件还是坏事件都可能存在乐观的或是悲观的解释风格。这就要求家庭教育不仅要让孩子较多地接触积极事件，同时也要注重考察他们应对消极事件时的能力，通过正确的引导和帮助，让他们学会反思和总结，从失败中总结经验和教训，增强他们的韧性，使他们更好地调节自己的心理状态，帮助他们更好地应对未来的挑战。

培养大学生应对积极事件和消极事件的能力，不仅可以通过讲案例、看影片、参加各种活动等途径，也可以通过父母的表率作用来达到目的。当大学生遇到困惑时，父母可以通过讲述自己或他人过去的经历，向大学生传递如何应对困难的积极信息，引导大学生在认识困难的同时将注意力集中到积极的方向，寻找解决问题的策略和途径。如大学生就业压力很大时可能会悲观丧气，此时家长可以帮助大学生模拟一次招聘现场，父母和大学生分别扮演招聘人员和应聘者，父母站在客观的角度审视和考察大学生，总结他们的不足并耐心讲解，然后再由父母亲身示范，即由父母扮演应聘者，大学生扮演招聘人员，让大学生在这个过程中体会招聘人员的心理活动和他们的关注重点，再通过父母的演示寻找可借鉴之处，经过总结，转化为自己的求职经验。在这个过程中，父母要积极、充分参与其中，引导大学生但不能为大学生包办一切，这样才能提高大学生应对处理事件的能力。

### （三）大学生塑造积极人格的学校方面

大学阶段是个体成长的重要阶段，也是大学生步入社会的最后准备阶段，大学的教育对于大学生塑造积极人格的作用不容忽视。因此，高校应采取更多有效的措施来培养大学生积极人格。

#### 1. 构建积极的支持系统

积极的支持系统可以帮助大学生学会利用现有资源解决成长过程中遇到的问题。而得到他人积极帮助的大学生更容易产生亲社会行为，他们往往对得到的帮助心怀感激，也更乐意帮助他人，从而更有利于培养他们自信、乐观和自强等积极人格特质。高校建立积极的支持系统，可以从特殊群体（如贫困生）和全体学生两方面着手。

（1）建立特殊群体的帮扶平台，如贫困生帮扶平台。第一，高校要制定和完善对贫困生的帮扶政策，如学费贷款政策、助学金政策以及勤工俭学政策等，这些帮扶政策可以帮助贫困大学生解决经济方面的困难，使他们可以安心顺利地完成学业，减轻他们的焦虑情绪。第二，高校要注重对贫困生的心理辅导。部分贫困生由于经济条件较差，非常容易形成自卑、孤僻的性格，抑制他们积极人格的塑造，甚至容易产生人际交往障碍等心理问题。第三，高校可以组织贫困生爱心社团。社团应积极开展关爱老年人、智障儿童、留守儿童等各种爱心活动，使贫困生在帮助他人的过程中，体验到助人的快乐，激发他们的自我效能感、自我价值认同，从而促进其积极人格的塑造。

（2）建立面向全体学生的支持系统。面向全体学生的支持系统包括医疗救助系统、心理辅导系统、维护学生利益系统和就业辅导平台。第一，医疗救助系统包括校医院、爱心药箱等机构和设施，可以在大学生生病或受伤时提供医疗救助，使大学生及时得到治疗，避免影响身体健康，帮助他们拥有一个好身体。第二，心理辅导系统可以为心理上产生困惑和障碍的大学生提供心理辅导。大学生的心理冲突较多，加之面临较大的社会适应和就业择业等方面的压力，容易产生心理困惑和心理问题。韧性强的大学生可能能够正确应对，而韧性较差的大学生此时就需要专业的心理辅导。第三，维护学生利益系统让大学生在学习生活中遇到难题或利益受损时能够得到学校相关部门的妥善处理。第四，就业辅导平台可以帮助大学生进行职业生涯规划，在大学生面临就业、择业等一系列难题时，提供科学合理的指导和建议，为社会经验不足的大学生出谋划策，帮助他们成就人生。高校还可以与一些企业进行合作，推荐本校的学生去实习和工作，解决当前大学生就业难的问题。

**2. 建立参与式校园管理机制**

高校应建立参与式校园管理机制，让大学生在其中充当多重角色，充分参与校园的管理与建设，同时增强他们的自我管理能力，塑造他们的自强自立精神。例如，建立门户开放机制，即高校领导开设对学生完全透明的、公开的反馈门户，不论学生有怎样的意见和建议，都可以通过这个渠道向学校领导反馈。如果学校采纳了学生的意见，一定程度上改善了原本并不令人满意的现状，学生会认为是自己的积极参与改变了这一切并有信心继续参与（增加自我效能感），更加留心身边的事物且耐心细致思考，对学校的建设满怀憧憬（希望），对过去不好的境况持包容的态度（乐观的解释风格），且在今后处理类似的事件时更有能力和信心（韧性）。

参与式校园管理机制还可以通过许多其他的渠道来实现。比如鼓励学生大胆创新，积极参加各种学术科技活动和社会实践活动。在这个过程中，学生会不断地克服困难并调整目标和实现途径（增加韧性和希望），对暂时的挫折持乐观的态度（乐观解释风格），在最后取得成功时会显著地增加自我效能感。此外，让学生参与学校管理也是一条不错的途径。例如食堂建设、宿舍改造等与学生息息相关的重大事件，可以邀请学生代表发表意见或提供建议等，让大学生充分体验到他们是学校发展建设的积极参与者而不是旁观者。

**3. 引导大学生进行积极归因**

归因风格是可以进行引导的，学校可以通过一些情景的假设和干预，达到引导大学生积极归因的目的，培养大学生积极人格。这就要求加强对教师积极归因的训练，使教师必须掌握引导积极归因的技巧。无论是从过去以教师为主体，还是到现在以学生为主体的教学实践中，教师对学生的归因风格都存在影响。当学生习惯性地以某种归因风格来解释成败结果的原因时，这种归因风格就会影响他们的动机。

教师在对学生归因风格的引导上具有重要作用，所以教师更要掌握相关归因理论，从而激发学生在学习、生活上的动机和兴趣，促进他们在各方面取得成功。因此，学校应该针对教师群体开设归因理论学习课程，让他们掌握归因的具体方法和注意事项，教会他们如何引导学生积极归因。教师只有正确掌握了归因方法，才能更有效地影响和引导学生的行为，培养大学生积极人格。

对学生进行归因引导和训练其实并不是一件十分困难的事，只要教师能够在平时的教学过程中时刻谨记一个中心，即要让学生相信“努力可以改变一切”。努力不仅可以提高学习成绩，还可以成就事业等，要使努力成为大学生判断成败的一个重要因素。努力是不稳定的、可控制的因素，只要学生愿意相信，就可以控制努力的程度。同时，努力也是一个内部因素，在学生取得成功后做出努力这种归因时，可以明显增加他们的自我效能感，鼓励他们继续迎接挑战，进而有助于他们的下一次成功。

在这样的归因引导下，学生不容易产生习得性无助。当然，在引导学生归因时，教师也应该关注不同学生的情况差异，不能以点概面或以偏概全，从而忽略部分个体的实际情况。在教学过程中，教师们应该可以发现，当教师所提出的某一观点无法得到学生认同时，那么与这一观点相关的学习内容，学生很难提起兴趣。同理，归因训练也应该考虑学生的感受，更具体一点就是个体的感受，只要个体从内心产生认同感，那么这种归因训练就会达到预想的效果。一般而言，归因风格的引导主要依靠心理健康教育、思想政治教育等课程来实现，高校甚至可以考虑在新生入学时统一进行归因风格测量，将情况相近的学生组织在一起上课，有助于教师充分了解和掌握学生归因风格情况，并进行统一引导。

归因训练和引导可以采取多种方法。教师可以借助口头要求、指导、强化、言语反馈、直接指出原因等方法来影响学生归因。教师不能因自身焦虑就盲目地用直接的、带有强制性的方法来要求学生必须作出某种归因。在应用口头要求、指导等方法来引导学生归因时，要遵循一定的原则。教师首先可以使用口头要求对学生作出一定的暗示来影响学生归因，其次根据实际情况得到一些反馈后再运用指导、强化和言语反馈等方法来影响学生归因，由于直接指出原因的方法可能会在某种情境下对学生的积极人格产生一定冲击，因此最后考虑使用。教师在引导归因时应注意以下三点。

（1）不应在使用强化方法的过程中随意表扬和批评学生，而应对学生所处的情况加以区分。例如，当某项任务较难但学生通过努力取得成绩时，教师应该表扬和鼓励学生，这代表教师肯定了他们的能力和努力；当某项任务很简单且学生取得成功时，教师的表扬反倒可能会使学生认为自己的能力较差。相应地，在学生的行为表现并不理想时，如果确实是因为努力程度不够而表现不佳，教师理应对其进行批评；但如果是因为天资、能力等原因而表现不佳，教师就不应该对其过多批评。

（2）在批评学生时要本着就事论事的原则。例如，当学生因个人努力不够而未取得理想成绩时，教师对其批评的内容应集中在个人努力程度方面，而不应该联系到学生其他方面的缺点进而将批评扩展到其他领域，这不利于学生形成积极归因。

（3）避免将具体竞争表现作为评价标准。教师要注意，尽管要培养学生的竞争意识，但是不应以学生在竞争中的表现作为奖惩学生的标准，因为这样会造成部分竞争成功的学生骄傲自大，部分竞争失败的学生妄自菲薄，而这些都是消极的归因。

### （四）大学生塑造积极人格的社会方面

培养大学生积极人格离不开积极的社会组织系统。积极的社会组织系统应该是公正公平且积极向上的。

#### 1. 建设积极的社会组织系统

积极心理学理论认为，良好的社会组织即积极的社会组织系统具有激发性机制，社会组织成员都能表现出道德上的卓越和个人价值的实现。要构建积极的社会组织系统需要建立积极的社会政策。积极心理学强调主观幸福感，其实幸福生活是所有个体梦寐以求的事物，而让人民过上幸福的生活也是国家的奋斗目标。但仅是物质的富足，没有精神的愉悦和满足，人民不可能感受到真正的幸福。

积极的社会组织系统首先应在制度设计上充分考虑不同阶层人的利益，照顾大多数人的利益，尤其是保护弱势群体的权益。其次，这一组织系统能够关注民生，建立有关民生的政策和措施，在学有所教、劳有所得、病有所医、老有所养、住有所居上切实取得进展，提高人民的幸福指数，进而推动社会的和谐发展。最后，它还必须重视社会信息的公开透明。只有在幸福和谐的社会大环境下，才能更有利于培养大学生积极人格。

**2. 把控社会媒体的报道方向**

媒体通过电视、网络、报纸、广播和杂志等向社会大众施加影响。随着科学技术的进步，个体从网络上获取信息变得更加方便和自由。因此媒体工作者不仅要客观地报道事实，而且要意识到其对社会的影响，肩负起激发社会正能量的使命。社会媒体既要揭露社会的阴暗面，发挥监督作用，指明从哪些方面改进才能使社会变得更加阳光；又要报道积极美好的一面，创建积极向上的社会组织系统，促进个体积极发展。①

把握社会媒体的报道方向有助于大学生塑造积极人格，媒体可以通过以下方式帮助大学生塑造积极人格。

（1）传递榜样效应。媒体可以报道各种积极的人物榜样，这些人物的故事和行为可以激励大学生追求目标、克服困难、树立积极的价值观。

（2）传播正面内容。媒体可以制作和传播关于成就、友善、助人等正面主题的内容，这有助于培养大学生的乐观态度、同情心和合作精神。

（3）宣传心理健康意识。媒体可以宣传心理健康的重要性，教育大学生如何应对压力、焦虑和抑郁等情绪问题，从而帮助他们建立积极的心态和提升情感调控能力。

（4）提供教育性节目和信息。媒体可以制作涵盖知识性、科学性、文化性等方面的节目，从而为大学生提供丰富的知识，培养他们的学习兴趣和求知欲。

（5）关注和倡导社会问题。媒体可以揭示环境保护、社会公平等方面存在的问题，激励大学生参与社会公益事业，培养他们的社

① 毕红艳，赵倩，2017. 积极心理健康教育［M］. 郑州：河南科学技术出版社.

会责任感和公民意识。

（6）提供互动和参与机会。媒体平台提供了互动和参与的机会，大学生可以在社交媒体、博客、论坛等平台上分享自己的观点、经验和见解，与他人交流，从中获得积极的反馈和支持。

## 第二节　大学生自我意识及其培养方法

自我意识是大学生人格发展的核心要素，在自我认知、自我体验与自我控制三者相互影响、相互作用的过程中，大学生的自我意识逐渐增强，并对其个人的情感、行为，甚至才能都会产生一定的影响。由于大学生的自我意识发展并不平衡，因此往往会出现对自我评价和认识过高或过低的现象，这对学生的全面发展和心理健康都会产生不利影响。这就要求高校对学生进行自我意识发展心理指导，使学生能正确认识自我、评价自我，建立符合自己实际条件的、积极的自我意识和自我观念；帮助学生认可自我，悦纳自我，学会调节控制自我，发展自我，进行自我教育，促进其全面发展。

### 一、大学生的自我意识与心理健康

#### （一）大学生自我意识的认知

**1. 自我意识的含义**

自我意识是人格结构中最核心的部分。根据诸多学者的研究成果可总结出，自我意识就是指个体对自己的身心状况，以及对自己与他人、自己周围世界关系的清醒认识。从一定意义上而言，自我意识是一个具有多维度、多层次的复杂心理系统。因此，探讨自我意识的具体含义可从以下角度进行。

（1）内容角度。从内容这一角度来看，可将自我意识划分为三个层次，即生理、心理和社会三方面的自我意识。生理自我意识是指个体对自身的容貌、体型等方面的意识，它是个体对自身生理属性的意识；心理自我意识是个体对自身心理属性的意识，如个体对自身心理状态、心理过程、人格特征、行为表现等方面的意识；社会自我意识是个体对自身社会属性的意识，如对自身社会地位、社会角色以及权利与义务等方面的意识。

（2）自我观念角度。从自我观念角度来看，对自我意识的理解可以从现实自我、投射自我以及理想自我三个方面来分析。现实自我是以自己的立场作为出发点，个体对现实自我形成的看法。投射自我是个体从他人眼中折射出来的关于自我的想象，我们经常无意识地想象自己在他人心目中的形象和他人对自己可能的评价。实际上，现实自我与投射自我两者之间存在着一定的距离。如果距离较大，个体就会感到自己不被别人了解或理解。理想自我是以自身的立场为出发点，个体对将来的自我所产生的一种期望。它是一个人想要完善的形象，是一个人行为的重要动力与参考。因此，它与现实自我也是有区别的。

（3）形式角度。从形式的角度来看，可将自我意识分为三个层面，即认知的、情感的和意志的，这就相对应地产生了自我认知、自我体验和自我控制。

1）自我认知。自我认知属于自我意识中的认知成分，是个体对自身和自身与周围世界关系的认识。主要包括自我感觉、自我观察、自我观念、自我分析和自我评价等方面的内容。其中，自我评价集中代表了自我认知发展的水平，是自我体验和自我控制的前提。

2）自我体验。自我体验属于自我意识中的情感成分，主要表现在个体对自己的态度。自我体验主要包括自我感受、自尊心、自爱、自豪、自卑、责任感和义务感等方面的内容。

3）自我控制。自我控制属于自我意识中的意志成分，主要表现为个人对自己行为的调节、自己对待他人和自己态度的调节，所以我们也经常将其称为自我调节。自我控制集中体现了自我意识在改造主观世界方面的能动作用，主要包括自我监督、自我激励和自我设计等方面的内容。

**2. 自我意识的特点**

自我意识具有自身显著的特点，概括来说，这些特点主要包括以下方面。

（1）系统性。自我意识是意识中非常重要的组成部分，也是人心理发展的高级阶段。现代心理学常把人的心理活动分为知、情、意三个部分。自我意识不仅包括对自己形成的认知，而且也包括认知后产生的情感体验以及基于自我认知与自我体验而产生的对自我的态度与要求的意向。

（2）统一性。自我意识的统一性是指自我意识能够保持一致。个体自我意识在发展的过程中，总是受到来自社会各方面的影响，直至青年时期，个体自我意识才真正地稳定下来。青年期以后，个体对自我的基本认知和基本态度就会保持一致。个体自我意识越成熟、健康，就越能对自己有清晰的定位，否则就会出现统一性偏差。

（3）矛盾性。个体自我意识从产生到发展要经历一个不断变化的过程。个体在不同的成长时期，自我意识常常会出现一些矛盾。比如，理想自我与现实自我之间的矛盾和混淆。此外，个人自我和社会自我也可能发生矛盾和混淆。

（4）独特性。自我意识具有独特性的特点，这一特点主要表现在以下两点：第一，每个人的自我意识都是自我个性中不可或缺的组成部分，它具备其他人所没有的个性和特点。第二，自我意识从产生到发展再到最终成熟，是一个由被动到主动的过程。在这个过程中，个体所处的环境不同导致个体自我意识具有独特性。同时，他人的评价也会给个体造成独特的心理感受，影响个体的心理发展和自我意识。

（5）社会性。自我意识是人们在社会中逐渐形成和发展起来的，因而它是社会的产物。自我意识的发展过程，实质上就是个体社会化的过程。只有在社会环境中，个体才能够发展和成长，才能对自己和周围世界有一个清晰的认识，个体意识到自我的社会存在，即形成了自我意识。所以，通过社会，个体才能对自己的特点以及自己在与他人的关系中处于何种地位有明确的认识。

**3. 自我意识的发展模式**

人的自我意识的发展会经历一个由被动到主动，由不自觉到自觉的过程。这一过程的发展并不是一帆风顺的，它也会经历许多矛盾和分歧，具体到自我意识的发展模式中就表现为分化、矛盾、统一。

（1）自我分化。自我分化是自我意识发展过程中的起始阶段。个体的自我意识伴随着青春期逐渐发展起来，形成了鲜明的“主体我”和“客体我”。前者主要是对自我进行主动观察，后者则是通过别人来观察自我。自我的分化促使个体主动地关心自己之前不曾关注的行为，重新审视自己的内心世界，标志着自我意识逐渐走向成熟。

（2）自我矛盾。在自我意识的发展过程中，“主体我”对自我的认识逐渐产生了分化，发觉现实自我与理想自我之间还有很大的差距，于是内心出现冲突、不安甚至是痛苦。这种自我矛盾在自我意识发展过程中不可避免，是一种正常现象。

（3）自我统一。虽然自我矛盾会给个体带来精神上的痛苦，但也正是这种矛盾和冲突促使个体不断奋发向前，让个体在现实中用实事求是的眼光看待自己，以便给未来的自己重现定位，不断地改善自己、超越自己，尽量缩小现实自我与理想自我之间的差距，努力实现二者的统一。这种统一是自我认知、自我体验和自我控制的统一，是主体与客体的统一。

### （二）大学生自我意识与心理健康的关系

大学生自我意识与心理健康之间存在着密切的关系。自我意识是一个人对自己的认知、了解和评价，而心理健康则涉及个体在情感、心态和社会交往等方面的良好状态。这两者相互影响，可以从以下方面来理解它们之间的关系。

#### 1. 自我认知与自尊心

大学生的自我认知可以影响他们的自尊心。大学生对自己的了解和认识越准确，越能够形成积极的自我形象，从而提高自尊心。而积极的自尊心有助于增强大学生的心理韧性，使他们更能应对挫折和压力，从而保持心理健康。

#### 2. 社会比较和自我价值感

大学生常常会与同龄人或其他社会群体进行比较。当他们在比较中感到优越时，可能会增强自己的自我价值感，有助于心理健康。然而，过度的社会比较也可能导致焦虑和自卑，对心理健康造成负面影响。

**3. 自我接受和情绪调节**

良好的自我意识有助于大学生更好地接受自己的优点和缺点。这种自我接受与情绪调节相关，可以减轻情绪困扰，从而保持心理健康。

**4. 自我目标与成就感**

大学生在追求自己的目标时，对自己的认知和定位会影响他们的努力程度和成就感。明确的自我意识能够帮助大学生设定合理的目标，从而增强成就感，促进心理健康。

**5. 自我表达和人际关系**

良好的自我意识使大学生能够更清楚地表达自己的想法和情感，与他人建立积极的人际关系。稳固的人际关系和有效的沟通能够减轻孤独感和社交焦虑，有益于心理健康。

**6. 自我反思与解决问题**

良好的自我意识有助于大学生进行自我反思，从而更好地分析问题和解决困难。积极的自我反思有助于提升大学生解决问题的能力，减轻压力，维护心理健康。

需要注意的是，自我意识并不是一成不变的，它会随着成长、经历和环境的变化而发展。对于大学生来说，培养积极、准确的自我意识对于促进心理健康而言非常重要。如果感到消极的自我意识影响了心理健康，可以考虑寻求心理健康专业人士的帮助，获取适当的心理辅导和支持。

## 二、大学生自我意识的发展特征

随着大学生自我评价水平的提高、能力的发展以及实践经验的积累，大学生自我意识的整体发展水平有了进一步的提高，相较其他人群而言，大学生的自我意识往往更加富于理想，其自我意识的独立性也更为突出，并表现出以下六方面的发展特点。

## （一）自我意识觉醒

在大学阶段，个体开始把主要认知对象从客观世界转向自己的主观世界，并在探索自我、关注自我方面逐渐有了进一步的认识与看法。一方面，他们对生理（物质）自我、心理自我以及社会自我三者之间的关系有了更加深刻的了解与认识。另一方面，大学生在正确认识自我价值，努力实现社会价值方面有了更大的信心。

大学生自我意识的觉醒，不能简单地理解为自我奋斗、自我解放和自我实现，也不能把社会需要与个人需求简单地分割开来，而应达成多方面的统一。具体而言，大学生自我意识的觉醒主要表现在其独立感（独立意识）、自尊心、好胜心等有了一定发展上。

### 1. 独立感

在独立感方面，随着生理、心理的发育，社会生存环境的发展变化，以及其知识的逐渐增长和生活经验的不断积累，大学生在自我评价、自我调整、自我控制、自我设计、自我体验等方面的能力有了普遍提高。在这种情况下，当代大学生们对于未来职业生涯和人生理想有了比以往更高的目标和抱负水平，并且对自己有了更大的信心。大学生的自我意识有了相当的独立性，明显有摆脱对父母、老师依赖心理的想法。但此时的独立感有时仅是为了显示独立而“独立”。一般而言，到了大学高年级，在积累了大量知识和经验的基础上，独立感才会基本成熟和稳定。此时，大多数大学生能把独立感放到适当的位置，而独立感如果把握不好则会出现强烈的逆反心理，所以引导大学生的独立感健康发展具有重要意义。

### 2. 自尊心

在自尊心方面，大学生要求他人、集体和社会尊重自己的言行和人格，维护一定的荣誉和社会地位。自尊心是一种与自信心、进取心、责任感和荣誉感密切联系的积极心理品质，是一个人需要尊重的表现。大学生自尊心、好胜心等心理十分突出，尊重满足与否所引起的情感反映也十分强烈。大学生一部分心理行为源于自尊，大学生的学习动力之一就是维持一定的自尊。自尊心是最强烈的内部驱动力量之一，对于调节大学生的心理行为有着重要作用，它直接影响大学生的心理健康和发展。自尊心过强有可能导致以自我为中心，唯我独尊；自尊心太弱，则容易自暴自弃，无所作为；自尊心屡屡受挫有可能诱发自卑感。当缺乏内在价值感的自尊心成为大学生的主导方向时，容易引起大学生产生一系列的心理问题。

**3. 好胜心**

在好胜心方面，当今社会竞争激烈，在这种氛围中，大学生也产生了强烈的好胜心。好胜心是一种可贵的品质，它使人不甘落后，力争上游。在充满竞争的社会中，好胜是成功的驱动力。但是，好胜心过强，且不能转化为动力的话，则会出现虚荣而不务实的情况，容易滋生自卑和嫉妒。

### （二）适应性与耐受性增强

大学生的自我体验丰富多彩，充满了对未来生活的幻想和追求。同时，大学生也要直面比以往更多、更激烈的竞争，甚至是前进过程中的挫折和困难。这对大学生适应环境变化的能力是一种挑战，对其心理承受力是一种考验。另外，我们还会发现，在大学生中存在着一些消极的情感体验或盲目乐观的现象。但是，经过大学阶段四年的磨炼和成长，大学生适应环境和承受多种压力的能力得到了较大幅度的提高，为其将来走向更广阔的社会舞台和更具有挑战性的工作岗位奠定了一定的基础。

### （三）自我意识逐渐全面

客观而言，当代大学生对一些事物的认识和看法，虽然谈不上全面、深刻，但是其自我意识发展的水平整体上有了较大提高，而且比以往更加全面。这具体表现为以下方面。

**1. 自我认知**

大学生能够清楚地认识自己的优点、缺点、兴趣、价值观等。他们对自己的性格、能力和特点有深刻的理解，不仅知道自己擅长的领域，也了解需要改进的地方。

**2. 情绪认知**

全面的自我意识涵盖了情绪认知。大学生能够识别自己的情绪，并理解情绪背后的原因。他们能够辨认不同的情感，并有能力采取积极的情绪调节策略，如冥想、深呼吸或寻求外界支持。

**3. 自我接受**

全面的自我意识意味着大学生能够接受自己的全部，包括过去的错误和不足。他们不会因为自己的不完美而感到自卑，而是以积极的心态面对自己的成长过程。

**4. 目标设定**

全面的自我意识帮助大学生设定明确的个人和职业目标。他们知道自己想要什么，有清晰的计划和行动步骤，从而更有可能实现自己的梦想。

**5. 人际关系**

当大学生具备全面的自我意识时，他们能够更好地理解自己与他人之间的关系。他们会尊重他人的感受，有效地与人交往，建立健康、积极的人际关系。

**6. 解决问题与决策**

全面的自我意识有助于大学生更好地应对问题和作出决策。他们能够客观地分析情况，权衡利弊，作出明智的选择，同时也能够从失败中学习，不断改进。

**7. 自我表达**

全面的自我意识使大学生能够自信地表达自己的意见和想法。他们知道如何用清晰的语言表达自己的观点，与他人进行建设性的对话和交流。

**8. 适应能力**

全面的自我意识让大学生更有可能适应不同的环境和变化。他们有能力在新的情境中保持稳定的心态，灵活地应对挑战。

**9. 自我反思**

大学生在具备全面自我意识的情况下，能够定期进行自我反思。他们会审视自己的成长和进步，同时识别需要改进的方面，从而不断成长和发展。

总而言之，全面的自我意识是一个多维度的概念，涵盖了个体在认知、情感、行为等各方面的理解和认知。大学生的自我意识逐渐全面，有助于大学生建立积极的心态，更好地应对生活中的挑战，促进心理健康和个人成长。

### （四）自我认知水平与自我评价能力提高

进入大学后，由于学生学习活动范围的扩大，面对社会的各方面压力，学生深入了解自己的愿望更为迫切。他们还经常主动地与周围人作比较来认识自己，主动参照内心所崇敬的模范人物来评价自己。这一切都表明了大学生的自我认知具有更高的自觉性和主动性。同时，大学生的自我评价能力也得到了较大发展，并日臻成熟。大学生对自我的评价更为客观可信，自我形象更具丰富性，评价涉及自己的优缺点、性格气质、道德品质、同学关系、理想确立、世界观形成、社会地位、容貌体形、大学生活、能力才华、性别差异等方面。当然，这一阶段的学生，其自我评价能力的发展还具有一定的不平衡性，一部分学生会对自己进行较高的自我评价，也有一部分学生的自我评价会表现得过低。

### （五）自我体验与自尊心增强

大学生的自我体验比较丰富，有喜欢、满意自己的肯定体验，也有讨厌、不满意自己的否定体验；有喜悦、积极和轻松的体验，也有忧虑、消极和紧张的体验。大学生的自我体验更多地与自己的个性品质、集体荣誉、自我在社会中的发展前途等联系起来，并日趋深刻。

自尊心在大学生群体中表现得尤为明显，它是个体要求人们尊重自己的言行，维护一定的荣誉和社会地位的一种自我意识倾向，是一种与自信心、尊严感、社会责任感、集体荣誉感密切联系的良好的心理品质，也是个体积极向上的内部动力。

大学生具有较高的自尊心，表现主要为好胜、好强、不甘落后、要求他人尊重、自我保护意识较强、对涉及自尊的事敏感且易表现出强烈的情绪反应。正是这种强烈的自尊心激励着大学生积极向上，尽可能使自己的言行受到他人的尊重。值得注意的是，少数大学生存在因自尊心受挫而产生的自卑感，如不及时克服，将会造成性格上的重大缺陷。

### （六）自我设计的愿望逐渐强烈

大学生会对自己的人生和形象有一定设计，他们希望自己变成理想中的样子，希望自己的生活能达到期望的高度，为此他们会不断地努力汲取知识、培养自己优秀的品格、提升自己的各种能力。由此可见，成就动机是大学生自我意识里较为强劲的一点。因为自身良好的软硬件条件，他们对自己一般都会有较高的期待，希望自己能有一番大成就，能为社会作出贡献。但是，他们往往忽略了自身的客观实际，在进行自我设计时出现了偏差，这就导致了他们的某些言行出现了不一致的情况。总体而言，大学生的自我设计普遍还是阳光的、积极的，整体呈现出一种向上的状态。

## 三、大学生自我意识的偏差及其完善方法

### （一）大学生自我意识的偏差

在大学生自我意识的形成过程中，他们时常会因为自我认知不够、自我设定盲目或是自我评价欠缺而给自身带来许多不良影响，出现一些自我意识偏差，这些偏差主要包括以下方面的内容。

#### 1.“主体我”与“客体我”的矛盾

自我可以分成“主体我”与“客体我”，“主体我”用来表示我会怎么样，是个体主观能动性的积极反映；“客体我”则用来表示别人会对我怎么样，是一种被动的反映。事实上，二者应该是互相统一的。但是，由于自我意识的多层次性和多结构性，再加上生活环境的差异，“主体我”与“客体我”也会出现分歧。

大学生“主体我”与“客体我”的矛盾相对突出。因为相比同龄其他未接受大学教育的人，他们接受了相对高水平的教育，对自我有一个较高的评价，但他们远离社会，缺乏社会经验，长期生活在安逸、和谐的校园，对社会缺乏实际感受与客观了解，所以他们对“主体我”的定位并不准确。另外，许多大学生存在“重理论、轻实践，重专业、轻基础，重科学、轻人文”的误区。再加上高等教育大众化进程的推进，适龄青年接受高等教育的机会越来越多，社会对大学生的评价更趋客观。大学生回归本位，身上“光环”的

消失令部分大学生产生失落感。

**2. “理想我”与“现实我”的矛盾**

通常情况下，大学生能感到“理想我”和“现实我”不断地进行着比较，然后一个迫使另一个作出改变或调整。“理想我”是大学生自身设定的最佳形象，是他们追求的“目标自我”，而“现实我”是现实状态中的实实在在的真我或我的本来面目，二者如果处于不一致的状态中，就必然会给大学生们带来烦恼。其中最常见的就是“理想我”高于“现实我”，“现实我”不知怎样达到“理想我”。

在对二者之间的矛盾进行调节的过程中，大学生可以使用以下两种方法：第一种方法是改变“现实我”，以实现“理想我”；第二种方法是改变“理想我”，以适应“现实我”。一般而言，人们更倾向使用第一种方法，因为这样不会降低“期望值”；而第二种方法是依靠降低“期望值”才达到的统一。如果采用第二种方法，一方面，我们其实并不满意现有的“现实我”；另一方面，还很容易造成“自我能力否定”的倾向，因为这毕竟是一种认为现在的我“不行”的做法。事实上，缓解二者间的矛盾也可能是双向的改变，一进一退，但是不管怎样，矛盾可调节的基础是“理想我”的存在。

**3. 自卑**

大学生自卑心理是指在大学阶段，部分学生在自我认知、自我评价和自我价值感方面出现的不足、不自信以及负面情绪的心理状态。这种自卑心理可能源自多种因素，包括个人经历、社会压力、学业成绩、人际关系等。自卑心理可能有以下表现。

（1）负面自我评价。大学生可能会对自己的能力、外貌、智力等方面产生负面的评价，觉得自己不如他人。

（2）社交回避。自卑的大学生可能逃避参与社交活动，因为他们担心自己会被他人拒绝或嘲笑。

（3）害怕评价。自卑的大学生可能害怕接受他人的评价或批评，担心自己会受到否定或责备。

（4）自我放弃。自卑心理可能导致大学生对自己的能力产生怀疑，从而放弃追求自己的目标和梦想。

（5）情绪低落。自卑情绪常常伴随着焦虑、沮丧和自我怀疑，影响大学生的情绪状态和心理健康。

（6）比较心理。自卑的大学生可能经常将自己与他人进行比较，时常感受到自己的不足之处。

（7）自我弱化。自卑心理可能导致大学生低估自己的能力，认为自己无法完成某些任务或面对某些挑战。

自卑心理可能对大学生的学业、社交和心理健康造成负面影响。因此，理解自卑心理的成因，采取积极的心理干预措施，例如寻求心理咨询、培养自信心、建立积极的自我认知等，有助于帮助大学生克服自卑情绪，提升他们的心理健康和生活质量。

**4. 自我失控**

大学生自我失控是指大学生在某些方面或情境下失去了对自己行为、情绪或思维的控制。这可能是各种因素导致的，包括压力、情感问题、生活变化、社会压力等。以下是一些大学生自我失控的情况和表现。

（1）情绪失控。大学生可能会因为学业压力、人际关系问题、未来不确定性等触发因素而出现情绪失控。他们可能表现出情绪爆发、情绪低落、焦虑、愤怒等。

（2）学习和时间管理失控。在大学中，学业负担增加，时间管理变得更加重要。如果大学生不能有效地管理时间，安排学习和休息，可能会在学业上失控，导致学习效果下降。

（3）人际关系失控。大学生面临新的社交圈子和人际关系问题，如果处理不当，可能导致人际关系失控，包括友谊和恋爱关系出现问题等。

（4）决策失控。在面对各种选择和决策时，一些大学生可能由于不确定性而失去决策的能力，导致在职业、学术或个人生活中失控。

**5. 以自我为中心**

以自我为中心即凡事总是从“我”出发，对他人的感受、建议完全不屑一顾，当自己的愿望无法被满足时就会大发脾气。一般而言，生理年龄是心理成熟的基础，然而，这两者之间并不存在一种绝对的线性关系。很多大学生具有明显的以自我为中心现象，这给他们带来了很多麻烦，尤其是容易造成人际关系的紧张。要想与他人融洽相处，以自我为中心的大学生就必须走出自我中心误区，要认识到自我中心并不等于个性。解决这一自我意识偏差需要在与人相处过程中，将心比心，换位思考，建立同理心，同时对他人的痛苦或不幸有较为深刻的感知，站在他人的角度设身处地为他人着想。

### （二）大学生自我意识的完善方法

自我意识不仅会在相当程度上影响一个人对其周围世界的认识，还会对其行为产生深刻的影响。一般情况下，具有积极自我意识的人比较乐观、开朗，总会对自己的优缺点有较为客观而清醒的认识，同时会尽量在生活中扬长避短。他们在爱自己的同时也能向别人与周围的世界献出爱心。但是，具有消极自我意识的人总是过分关注自己的缺点，注意不到自己的优点，认为别人各个方面都强于自己。他们大多不爱自己也不爱别人，还经常表现出郁郁寡欢或抱怨的负面情绪，因而很容易诱发自卑、嫉妒、强迫、抑郁、人际关系敏感等心理问题。对此，我们必须关注与完善大学生的自我意识，促使其向积极的方向发展。从大学生的发展特点及高校心理健康教育方面出发，大学生积极自我意识的培养应当注意以下方面。

#### 1. 认识自我

自我认知是一个复杂的心理过程，在这个过程中，大学生需要对自己的相关情况进行深入了解。虽然人人都希望有“自知之明”，但是要想真正做到这一点，并不是一件容易的事情。具体而言，认识自我的途径主要包括以下方面。

（1）建立正确的自我评价参照标准。从本质上而言，认识自己与认识其他一切事物一样，需要一定的标准作为参照系。正确的自我评价参照标准应当是全面的而不是片面的，动态的而不是固定的，积极的而不是消极的，适合自身情况的而不是盲目从众的。在现实生活中，有的同学常常把握不好自我评价的标准，找不到衡量评价自我的合适参照尺度。根本原因在于这些同学还不善于参与生活、积累经验和反思自我，只要积极地参与到生活中去，积累人生与社会的经验，不断结合自己的心理分析和反思自我，就能建立正确的自我评价参照标准。

（2）从多角度认识自己。

1）通过有效的社会比较了解自我。个体对自己的评价是通过与他人能力和条件的比较而确定的，是一个社会化过程。大学生进行有效的社会比较，需要打开自我信息通道以此来保证信息渠道的畅通无阻，即大学生要积极参与到各项社会活动当中去，同时在此过程中做自我观察的有心人，进而积极主动地搜集并整理有关自我的信息。在进行有效社会比较时，大学生一方面应当学会欣赏他人，寻找他人身上的优点；另一方面要站在客观的角度，对自己进行动态的、多方位的社会比较，寻找自己身上的不足，从另一角度把握真实的自我。

2）通过他人的看法认识自我。通过他人的看法认识自我是一种非常有效的方法。大学生应该积极投身各种社会活动，在行动中不断丰富自己对自然、社会和他人的认知，学会从他人对自己的看法中客观地看待自己，认真地分析自己，对自己有清晰的认识。

3）通过正确的自我评价与反思认识自我。自我评价与反思即评价自己的外部行为表现，并进行一定的反思。在通过自我评价来认识自己的过程中，大学生最应该注意的就是制定健康、正确的自我评价参照标准。

**2. 悦纳自我**

悦纳自我即相信自己存在的价值，认同自己的能力，并在行为上表现出与环境和他人积极互动的心理模式。换言之，就是无条件地接受自己现实的一切。

积极悦纳自我首先要能全面、客观地认识并接受自己，然而对于任何人而言，全面、客观地认识自己都不是一件容易的事情。在这样的情况下，大学生想要接受自我和展示自我也就更加困难。因此，在全面、客观认识自我的基础上，积极悦纳自我还包括欣然接受自己，即愉悦地面对真实的自我，坦然面对自己的优点，也乐观接受自己的缺点，始终保持真实状态，人前不虚伪、不虚荣，即他人通过外在表现就能对个体有所了解。这种状态，会使个体的人际交往更加密切、真诚、轻松，也更利于个体正确、清晰地评价自己。同时，欣然接受自我也是一种自尊自爱的表现。

首先，大学生不能只从一个点、一个方面去认识自己，必须客观、全面地认识自己、评价自己。对于自己的长处不要沾沾自喜，要发挥它；对于自己的短处不要逃避，要正视、改善它。也就是说，要正确、合理地评价自己，不妄自菲薄，也不自以为是。

其次，大学生要正确对待自己的短处。有的短处是天生的，无法克服或改善，如天生的身体残疾，对待这种短处要学会正视和接受；还有一种短处是后天形成的，可以改变，在面对这种短处时，要尽可能地采取合理的手段、方法去弥补改善。

最后，大学生要正确对待失败。在人的一生中，失败可谓是家常便饭，有大有小。不同的人对待失败会有不同的态度，大学生应争做那种直面失败的人，只有这样，才能将这一次的失败转化为下一次的成功。

**3. 完善自我**

对于现代社会中的大学生而言，其在了解自我、发现自我的基础上，还必须要在生活实践上超越现在的“我”，逐步完善自我。实践活动是个体运用自身知识和能力，为了满足需要、实现利益、取得价值，对自然界和人类社会进行改造的最基本的活动。对于大学生而言，实践活动主要是学习活动和配合学习活动开展的实验室实践、生产实习、毕业实习、社会实践活动，以及群体或个人的课余活动等。具体而言，为了不断完善自我，当代大学生在实践活动中应做到以下方面。

（1）制定合理的目标。制定合理的目标是大学生走向成功的关键。对于大学生而言，提出自己的目标并能够有步骤地实现目标十分重要。在实现目标的过程中，应该把远大的目标拆分成不同的阶段，这样大学生就可以按阶段来评价自己实现目标的情况。需要注意的是，目标可以作为一种刺激，因为目标可以让大学生意识到现在和将来的区别。对于大学生而言，目标是激励他们前进的动力，促使他们挑战自己、改变自己。

（2）摆脱错误的理念。例如，很多大学生都不相信自己有完成某件事情的能力，于是他们对自己产生了怀疑，这种怀疑在很大程度上阻碍了其通向成功，或是寻找幸福，因此大学生只有尽快从这种状态中脱离出来，才能走向成功，也才能使自我更加完善。

（3）找到自我与社会的契合点。对于即将走向社会的大学生而言，社会实践是很重要的实践途径。大学生自我意识发展不成熟往往是由于其找不到自我与社会的契合点。一个人缺乏社会实践，没有社会经验，认识问题必然带有主观性和片面性，也就会在寻找自我与认识社会方面出现问题。要解决这个问题，大学生在校期间应积极参加各种社会实践活动，这样做有以下方面的作用。

1）参加社会实践有助于大学生处理好自我设计与社会需要的关系。自我设计是个体基于自身发展需要，对自己的发展方向、层次及途径作出的战略安排。当代大学生只有通过参加社会实践，开阔视野，克服认识上的片面性和主观随意性，根据自身条件设计人生目标，才能很好地适应社会发展的需要。

2）参加社会实践有助于大学生处理好自我价值与社会价值的关系。自我价值是自我意识中对自身存在的肯定。自我价值表现在人有自尊、自爱、自信的需要。大学生在实践活动中可以增强集体归属感，把个人表现和集体荣誉联系在一起，切身感受到集体的团结协作精神是个人价值实现的保障，认识到社会对知识、人才的迫切需要，同时认识到知识只有用于社会、服务于人民才会取得最高的社会价值。

3）参加社会实践有助于大学生增强社会责任心和使命感。在社会实践中，大学生可以更紧密地与其他职业的人接触，直接体验到他们身上蕴含着的优秀品格，而这正是大学生需要汲取的精神营养。另外，大学生通过参加社会实践，还能清楚地看到目前中国经济、社会、文化发展的不平衡和不充分，意识到自己对社会应尽的义务和责任，增强使命感。

总体而言，社会实践能让大学生在正视自我、正视社会的基础上，科学地认识自我、发展自我、完善自我。

（4）学会从挫折中吸取经验。挫折是一种情绪上的感觉，当人们的某个目标或是某种愿望不能实现时，这种感觉就会产生。对于大学生而言，如果他们的学习成绩不能达到自己预期的目标或是不能与他人友好交往时，他们的内心就会产生受挫的情绪体验。在学习和社会生活中，必然会出现各种问题，这些问题的出现在一定程度上都是正常的，对此大学生应该从这些挫折中吸取教训。而随着各种经验教训的不断积累，大学生的自我也会在这个过程中不断完善。

**4. 控制自我**

控制自我的过程，即主动对自我进行改造的过程，也就是通过主动改变“现实我”来实现“理想我”的过程。这一过程也是培养积极自我意识的重要途径。大学生要实现对自我的有效控制，需要从以下方面努力。

（1）确立合适的“理想我”。大学生在确立志向、抱负的时候，必须立足实际现状，从自身具体情况出发，制定出能够通过一定努力实现的恰当的目标，也就是确立合适的“理想我”。

（2）培养顽强的意志力。对自我有效的控制几乎都离不开坚强的意志。意志力主要表现为对目标认识的主动性与自觉性，对实现目标的决心，排除干扰的能力，克服困难的能力，对成功的态度，以及对挫折的承受能力。因此，培养大学生的意志力，一方面应当结合个体目标，注意分解目标，并经常检查目标的实现情况，及时进行自我反馈；另一方面应当帮助他们树立正确的成败观，让他们将自己在某件事情上的成功归功于稳定的因素，如个人能力很强或任务相对比较容易等。

（3）培养自信心。自信心是大学生自我控制的一个非常重要的因素，也是大学生学习进步、生活愉快、潜能开发的关键保证。大学生培养自信具体可采取以下措施：①回忆过往经历，找出自己突出的表现，以此来对自己已具备的良好素质进行肯定；②及时认识自己各个方面的进步、发展和成绩，以此来对自己的能力给予充分肯定；③进行积极的自我暗示，如对自己说“我能行”；④记录别人给予的积极评价和态度等，使自己的注意力集中在自身的优点和成功上，以此来增强自信。

**5. 超越自我**

超越自我是人生所能达到的一个较为崇高的境界。在超越自我的过程中，我们会明白自己的人生价值，找到自己存在的平衡点。

（1）建立适当的抱负。大学生对于未来都有着美好的憧憬，在他们的设想里，自己未来的事业、家庭都非常成功，而这种憧憬往往脱离了实际，与个人的能力不符。一方面，大学生对于自己的抱负要有把握；另一方面，大学生要在有把握的基础上为抱负增加一点点冒险，给自己一定的挑战。这样一来，在实现抱负的过程中，他们既有控制的能力，也有对自己的挑战，发展机会也会变得更多。此外，大学生在制定抱负标准时，不要与他人攀比、竞争，因为每个人的水平、能力不一样，如果事事都与他人比较会让自己生活得很辛苦。

（2）注重陶冶情操，保持积极的情绪。健康的情绪并不单纯只有正面的、向上的情绪，还包括适当的紧张和敏感度。因为只有这样，在面对心理问题时，个体才能及时发现。大学生应避免在情绪问题产生的时候才“临时抱佛脚”，找办法解决，而应该在生活中随时注意陶冶情操，经常对心理问题进行排解，时时审视自己。①

## 第三节　大学生情绪与积极的情绪体验

个体的情绪对个体的身心健康具有很大影响，情绪相当于心理健康的一个窗口，一个人的情绪会直接影响其生理和心理的健康。

① 孙世民，陈选华，2000. 大学生自我意识及其培养［J］. 安徽师范大学学报（人文社会科学版），28（2）：308-311.

大学生正处于青年中期，其情绪体验十分丰富和深刻，而且充满了不稳定性，所以他们非常容易受到情绪问题的困扰。所以，帮助大学生进行情绪管理，获得积极的情绪体验就变得尤为重要，这对于实现大学生心理健康的目标大有裨益。

## 一、大学生的情绪与情绪智力

### （一）情绪的基本内容

情绪对于人类来说并不陌生，在日常生活中，每一个人都曾体会到不同的情绪。不同的人有不同的情绪，同一个人在不同时期不同情境下也有不同的情绪。主观体验、生理唤醒和外部表情作为情绪的三个组成部分，缺一不可。只有三者同时活动，同时存在，才能构成一个完整的情绪体验过程。由此，可以对情绪下这样的定义：情绪是一种由客观现实与人的需要相互作用而产生的包含主观体验、生理唤醒和外部表情三个成分的心理以及生理反应的整合性过程。

#### 1. 情绪的表现形式

个体将其情绪体验通过行为活动表露出来，从而表现其心理感受，达到与外界沟通的目的。情绪的表现形式主要有面部表情、体态反应、言语变化。

（1）面部表情。面部表情是情绪表现的主要形式。面部表情以面部的肌肉活动和气色变化为主，尤以眼睛和眉毛最为突出。如眉飞色舞、眉开眼笑等成语都是指面部表情表达了不同的情绪状态。表情在情绪活动中具有独特作用，是情绪本身不可分割的一个重要方面，也是传递情绪内在信息的重要途径。

（2）体态反应。体态反应就是通过身体不同部位的各种动作代替语言，以表达情绪的身体状态。例如，当一个人昂首挺胸时，通常说明这个人对自己信心十足，其情绪状态昂扬向上，甚至有些激动。当一个人手舞足蹈时，通常说明这个人正处于喜悦的情绪状态。当一个人捶胸顿足时，通常说明这个人正处于悔恨的情绪状态。当一个人坐立不安时，通常说明这个人正处于烦躁的情绪状态。可见，身体各部位姿态的变化也是一种情绪表现的形式。

（3）言语变化。言语变化主要是指语言在声调、音色、音量、停顿、节奏、语速等方面的变化。例如，当一个人说话的语调高昂、语速加快，通常说明这个人正处于喜悦的情绪状态。当一个人说话的语调低沉、语速缓慢，甚至言语哽咽，通常说明这个人正处于悲伤的情绪状态。当一个人说话的声音颤抖、语无伦次，通常说明这个人正处于恐惧的情绪状态。有关研究表明，言语所传达的情绪信息远比言语本身的含义更多、更复杂。

**2. 情绪的主要功能**

情绪是个体与环境、事物之间关系的反映，它具有独特的主观体验和外部表现形式，深刻影响人的行为。就其功能来说，主要表现在以下方面。

（1）适应生存，自我防御。情绪是有机体适应生存和发展的一种重要方式，是动物进化的产物。当动物的神经系统发展到皮质阶段时，生理唤醒在脑中产生相应的感觉（感受）状态并留下痕迹，即产生最原始情绪。当特定的行为模式、生理唤醒及相应的感受状态出现后，情绪就具备了适应性。所以，情绪自产生之日起便成为适应生存的心理工具。

（2）激发心理活动和行为。情绪构成一个基本的动机系统，能够驱使有机体发生反应，从事一定的活动。一般而言，能够有效激活有机体行为的是生理内驱力，而情绪能够放大生理内驱力的信号，从而促进其行动。例如，人在一定条件下处于缺水或缺氧的状态中，就会产生补充水分或氧气的生理需要。但这种生理内驱力也许还不足以驱使人去行动，此时再加上恐慌感和急迫感等情绪，内驱力的信号就被放大和增强了，最终合并成为驱使人行动的强大动机。值得注意的是，情绪反应比内驱力更为灵活，它不但能根据主客观的需要及时地发生反应，而且可以脱离生理内驱力而独立地发挥动机作用。例如，无论在什么条件下，愤怒情绪通常会驱使人产生攻击行为，恐惧情绪则会驱使人产生退缩行为，厌恶情绪会驱使人产生躲避行为等。情绪的动机功能还可以驱使人的认识活动，这一点在兴趣中可以得到明显的体现。

（3）组织心理活动。情绪是独立的心理过程，有自己的发生机制和运行规律。情绪作为脑内的一个检测系统，对其他心理活动具有组织作用，这种作用或是促进，或是瓦解。一般而言，正性情绪起协调、促进的作用；负性情绪起破坏、瓦解或阻断的作用。良好的情绪可以提高大脑的活动效率，反映到认知和操作上，则是速度和质量的提高。

（4）人际交流。情绪和语言一样，可以传达某种信息，因而也就具有服务于人际交流的功能。人与人之间的交流不仅依靠语言，情绪也可以传达人的思想和意图。情绪的通信手段是非语言的，其信息传达的方式主要是面部表情、言语变化和体态反应等。其中，面部表情是最重要的情绪信息媒介。

### （二）情绪智力的基本内容

#### 1. 情绪智力的维度

（1）自我意识。自我意识即对自己的价值观、情绪、动机、优缺点的深层理解。自我意识强的人，知道哪些事物对其有利，能有效地了解自己的直觉和本能。

（2）自我管理。自我管理即个体在一定程度上控制和改变其内在状态和资源，它包括控制冲动、表现出诚实和正直、保持有效执行并抓住机会，甚至在失败后保持乐观。

（3）社会意识。社会意识即对感情、想法和他人境遇保持敏感并理解。这包括认知他人的处境，即换位思考，也包括真实地感受他人的情绪，即情绪同感。

（4）关系管理。关系管理包括管理变革、解决冲突、培养关系、支持团队协作等，这些对个体的沟通能力和其他与社会交往相关的能力都提出了比较高的要求。

以上四个维度并非相互独立，他们之间存在着层级关系。关系管理处于最高层次，因为它需要其他三个维度作为支撑，自我意识处于最低层次，因为它不需要其他维度的支撑，相反，它是其他三个维度的先决条件。情绪智力高的人能更好地处理人际关系，在需要情绪参与的工作中表现较好，他们通常是优秀的领导者。拥有高情绪智力员工的团队能从一开始就比拥有低情绪智力员工的团队表现得更加优秀，但是无需社交接触工作的绩效与员工的情绪智力几乎没有关系。

**2. 情绪智力的主要功能**

（1）认识自己情绪的能力。情绪智力高的人能够知道自己的感受，如他们很快就能意识到自己在生气、嫉妒、内疚或抑郁等。这是很有价值的，拥有高情绪智力的人能够对自己的感受保持敏锐的自察。

（2）调控自己情绪的能力。情绪智力可以帮助个体调整情绪，例如通过多种途径有效摆脱焦虑、沮丧、愤怒、烦恼等情绪困扰，不让自己陷入情绪低潮中。情绪智力高的人能够根据环境调控自己的情绪。

（3）认知他人情绪的能力。高情绪智力的人能够真切体会他人的情绪感受，善解人意，感同身受，能够敏锐地感受到他人的需要，并且能够保持理性，客观地理解、分析他人的情感。他们善于"读懂"面部表情、声音语调和其他情绪特征。

（4）使用情绪的能力。情绪智力的功能还包括运用情绪促进个人成长和增进自己与他人的关系，如情绪智力使个体意识到帮助别人能给自己带来快乐。同样，当好运来临，情绪智力高的人懂得与他人分享。总体而言，情绪智力的提升能增进人际关系并促进情绪健康。

（5）自我激励的能力。自我激励能力是一种能将精力专注于某项目标，为达成目标而调动情绪的能力。个体任何方面的成功都离不开情绪帮助其实现自我控制、延迟满足、控制冲动、统揽全局等。拥有这种能力的人能够集中注意力，发挥创造力，积极热情地投入工作。

## 二、大学生情绪的特征

### （一）大学生情绪的主要特征

大学生正处于身心的迅速发展时期，科学知识、交往范围、生活领域的拓展促使其产生了大量的新需要，激发了大学生丰富的情绪。具体而言，大学生的情绪具有以下特征。

**1. 情绪的波动性**

尽管大学生的认知水平有了一定提高，对自己的情绪有了一定的控制能力，但与已走上工作岗位的人相比，由于自我认知及心理发展还未成熟等原因，大学生的情绪反应比较强烈，波动较大。

随着大学生自我意识的发展、社会活动范围的不断扩大，外界事物与心理需要的矛盾也会导致其产生强烈的情绪反应。特别是在当下社会转型的过程中，体制的变革、新旧价值观的更替、种种复杂的社会现象更容易使大学生产生困惑和迷茫，造成他们情绪上的困扰与波动。部分大学生容易情绪化，如一件事情引起的情绪反应，可以持续较长时间，也称"拉长了的情绪"。大学生情绪波动性的特征往往使大学生的情绪显得不稳定、不成熟。这种不成熟、不稳定与大学生心理发展水平相适应，因而是正常的。这种波动性的情绪特征也影响着大学生的心理健康。

**2. 情绪的内隐性**

大学生的外在表现和内心体验常常不一致，情绪表现出很大的内隐性。大学生身上孩子似的坦率变得越来越少了，部分大学生不轻易打开自己的心扉，也不愿意让他人察觉自己内心的喜怒哀乐。在人际交往时，部分大学生常把自己的心灵关闭起来，在与异性交往方面，他们的这个特点表现得尤为突出。一旦他们对异性产生爱慕之情，内心渴望与之接近的情绪就会非常强烈，但是出于自尊心和各种客观因素的限制，他们却常常故意表现得无动于衷，平静自若，甚至采取回避、疏远的态度。大学生情绪的内隐性是他们自我控制能力和社会适应能力增强的结果，但也为了解大学生的真实思想带来了一定的困难。

**3. 情绪的心境化**

大学生的情绪一般多以心境状态出现，即以一种比较持久、平稳、微弱的心理状态出现。这时，一件事引起的情绪反应可以久久地留在内心，虽已时过境迁，但这种深刻的情绪体验一时难以消退。例如，有的大学生一次考试意外取得好分数或一次实验成功，所产生的愉快心情往往影响其他活动，甚至觉得天下无难事。某种情绪产生后，适当地保持并逐渐恢复平静是正常的，但有些大学生的消极情绪过于持久，甚至无限延长，属于不成熟的表现，且对健康有着严重影响。

**4. 情感体验的层次性与差异性**

大学生的情感体验在不同年龄（年级）上存在差异。一方面，随着年龄增长、年级升高，大学生自我意识不断成熟，社会适应能力逐渐增强，认知能力日趋提高，社会性的情感体验日趋丰富，表现出对社会、对人生理想、对他人的关注，从而使情感的稳定性增加，冲动性和波动性减少；另一方面，不同的个体在情感体验上仍存在一定的差异，男性和女性的情感体验也各有自己的特点。

一年级的新生对一切充满了美好的幻想，对各种知识领域有广泛的兴趣，要求更多的个人自由和友谊，需要坦诚和信任。但是，他们对自我的认识不全面，有时表现得过于自信，有时表现得过于自负，情绪、情感处于不稳定的阶段。

二年级和三年级的大学生进一步适应了大学生活，情感相对稳定，既没有大一学生初入大学的激动、兴奋、好奇、不安，也没有大四学生面临就业的紧张和忧虑。他们积极参加各种集体活动，希望在活动中表现自己和发掘自己的潜能，并赢得周围同学的关注和欣赏。此时他们已经脱离了幼稚和盲目，学会安排和处理各种关系，情绪处于安定期。

进入四年级，由于面临着人生的重要转折，他们渐渐脱离了大学的集体活动，考研、实习、找工作，都在为各自的前途奔波。而且，此时他们面临多种抉择，情绪呈现出矛盾性和复杂性。

## （二）大学生健康情绪的主要表现

**1. 热爱学习与生活**

人生来就有探索新环境的倾向，这是人的求知欲产生的生物学基础。社会生活中生存与发展的需要更促使人们去探索新事物，获得新的知识和经验，从而形成了人的求知渴望和获得新知识的兴趣。

大学生的主要任务是学习。一个心理健康的大学生必然热爱学习，努力对事物进行探究以获得新知识，努力掌握新的科学技术以解决现实生活中出现的问题。

热爱生活就要关心社会生活的变化，关心国家大事和世界大事，对生活有强烈的兴趣，并能不断从生活中获得新的乐趣。热爱生活，不仅表现为关心社会生活，还表现为积极参与社会生活，乐于参加一些重大的政治、文化和娱乐活动，并努力克服生活中的困难与挫折，追求实现美好的生活目标，在奋斗中体验快乐。如果一个大学生感到生活空虚、无聊、没有意义，产生厌倦生活的情绪，或者无所事事，得过且过，就是情绪不健康的表现。

**2. 悦纳自己与他人**

悦纳自己，即从总体上对自己持肯定和接纳的态度。虽然知道自己在外貌或个性上有某些不足之处，但认为自己的优点和长处是主要的，因而持自我认可、自我接纳的态度。是否能悦纳自己同自我评价有关。个体“理想我”与“现实我”越接近，二者相关系数越高，则自我接纳的程度越高。如果一个大学生怀有严重的不良情绪，就难以自我悦纳。

悦纳他人就是能正确理解人与人之间的关系，认识他人的优点和长处，能理解他人的情感，并乐于同他人交往，对他人的缺点持宽容的态度，能共情他人的痛苦，并积极帮助他人解除痛苦。

**3. 保持乐观稳定的心境**

大学生能在环境变化与外界事物影响下保持乐观稳定的心境，是其情绪健康的重要表现。但是，保持乐观而稳定的心境既有赖长期教育的培养，也有赖个体有意识地调节与控制。因此，大学生应学会在悲痛时自我劝解，焦虑时自我宽慰，愤怒时自我疏导与控制。青年期的大学生无疑容易情绪激动，而且容易产生过激的行为。随着年龄的增长、认识的成熟和自我意识的发展，他们的情绪调节与控制能力逐渐增强，激动与冲动就会减少，情绪就趋于稳定。

## 三、应对大学生情绪困扰的方法及引导措施

### （一）大学生缓解情绪困扰的方法

#### 1. 适度宣泄

适度宣泄可以把不良情绪释放出来，从而使紧张情绪得以缓解。因此，遇到情绪困扰时，最简单的办法之一就是宣泄情绪。宣泄的途径主要有以下四种。

（1）倾诉。倾诉不仅能使倾听者真正理解他人，对于倾诉者来说，也有显著的效果。倾诉是最佳宣泄法之一，大学生遇到情绪问题，可以选择一个值得信赖的人（父母、老师、朋友等）将心中的想法、内心的苦恼甚至是难以启齿的秘密倾诉出来。倾诉可解脱心灵的重压，排解不良情绪，从中获得轻松感和解脱感，使心理得到平衡。

（2）哭泣。人在痛苦时都会有想哭的冲动，这是正常的情绪反应。自然地哭出来，对身体有多种好处。人遇到悲伤的事情时，如果能放声痛哭一场，流泪后的心情往往会好转许多，这是悲伤引起的化学物质通过眼泪已排出体外的缘故。当然，也不能过度哭泣，否则就会扰乱人体的生理功能，甚至使呼吸、心跳失去规律。

（3）以静制动。当人的心情不好，产生不良情绪体验时，内心会十分烦躁，坐立不安。此时，可平静地散步、读书等，这些看似与排解情绪困扰无关的行为恰恰是一种以静制动的独特的宣泄方式，它以平静的态度平息心中的怒气，从而排解沉重的压抑情绪。

（4）升华。升华是对消极情绪的一种高水平的宣泄，是将消极情感引导到对自己、对他人、对社会都有利的方向去。例如，某同学因失恋而痛苦万分，但他没有因此消沉而是把注意力转移到学习中，立志做生活的强者，证明自己的能力；或是去帮助他人，给他人带来快乐的同时也给自己带来快乐。

**2. 转移注意力**

注意力转移法就是把注意力从引起不良情绪反应的刺激情境转移到其他事物上去或从事其他活动的自我调节方法。注意力是由于客观事物的影响，导致大脑皮层的有关区域产生了兴奋中心。事实上，当人的注意力高度集中时，与之无关的运动就会受到抑制，甚至连呼吸肌的运动也会趋缓。因此，大学生苦恼、烦闷时，去看看喜剧片，或者换换环境等都会有帮助。注意力转移法在生活中也有很多应用场景。例如，外出旅游登高往下看而心发慌时，就可将视线投向远方；如果要对某一个人发火，就尽力想这个人平时对自己的种种好处。这些方法如果运用恰当，都能起到转移注意力、稳定情绪的作用。另外，采取行动也是转移注意力、排解情绪困扰的一种有效的心理疗法。

**3. 进行积极的自我暗示**

自我暗示，从心理学角度来说，就是个人通过语言、形象、想象等方式，对自身施加影响的心理过程。自我暗示分积极自我暗示与消极自我暗示。积极自我暗示可以令人保持乐观的情绪，从而调动人的内在驱动力，发挥主观能动性。而消极的自我暗示则会强化人个性中的弱点，从而影响情绪。在自我暗示的强大作用下，人们的心理乃至行为，都会不自觉地朝自我暗示所指示的方向活动、发展。也正因为如此，坚持进行积极自我暗示的训练，具有极为深远的意义。

进行积极的自我暗示，一般可从以下方面努力：①时常以赞赏的眼光看待自己；②自我安慰，避免过分自责；③不患得患失，始终朝着一个明确的目标努力；④学会忘记过去的失败。自我暗示既可以大声地说出来，也可以通过书写的方式影响自己，还可以通过吟诵或者歌唱的方式，甚至在心中默念也能够达到一定的效果。

### （二）应对大学生情绪困扰的引导措施

目前，引起大学生负面情绪和各种心理问题的原因多种多样，既有外在环境的影响，又有内在的引发因素。对大学生情绪困扰进行引导和控制也需要从内外两方面着手：一方面，提高大学生认识情绪和管理情绪的能力，培养其合理认知、表达、排解情绪，以避免其出现心理问题；另一方面，要创造良好的外部环境，多方共同对大学生的情绪困扰进行有效的引导和良好的控制。

**1. 注重大学生自身情绪管理能力的培养与提高**

情绪管理能力是一个人对自己情绪的自我认识、自我控制、自我区分等能力和对他人情绪的认识与反应能力。大学生正处于心理发展由波动性向稳定性过渡的时期，情绪中的两极性突出。提高大学生自身情绪管理的水平，培养大学生健全的人格特征，有效增强大学生自身承受挫折和处理心理问题的能力是培养大学生情绪管理能力的主要目标。

（1）培养大学生的情绪认知能力。认知因素是决定情绪的关键因素之一。要教育大学生有意识地分析自己产生情绪困扰的动因，学会在纵向不同时期的自我比较中分析自己、认识自己，在横向与他人的比较中反省自己，学习别人的优点，不断归纳总结，达到自我教育的目的。

（2）培养大学生合理表达情绪。培养大学生在不同的情境中选择适宜的情绪表达方式，有效处理自己的情绪问题。引导大学生在认识和观察自我情绪的同时学会识别他人的情绪，能设身处地站在他人的立场看待问题。

（3）培养大学生合理排解情绪。引导大学生掌握情绪疏导的有效方法，如宣泄、转移注意力、进行积极的自我暗示等。及时释放负面情绪，消解负面情绪带来的困扰，从而缓解心理压力，恢复情绪稳定。

**2. 运用现代媒体进行网络引导**

现代媒体为大学生提供了释放压力、发泄情绪的渠道，很多大学生选择在网上表露和发泄自己的负面情绪。高校教育工作者可以充分利用网络平台进行心理疏导，一方面，可以用普通网友的身份与大学生沟通交流，及时了解他们的实际问题和情绪动向，在线疏解他们所遇到的情绪困扰。另一方面，可以充分利用学校的网站开设心理咨询窗口，缓解大学生的心理压力，答疑解难。也可以在各种网络平台上宣传和讲解大学生心理问题的预防和解决办法，引导大学生正确处理情绪困扰，促进其心理健康发展。

**3. 增强辅导员的情绪管理与情绪疏导能力**

身正为师，德高为范。高校辅导员的个人素质和能力是学生工作能否做好的重要影响因素。辅导员应该增强自己的情绪管理能力，同时要学会运用方法来管理和激励学生。例如，通过与学生接触，观察、理解学生的情绪表现，洞察其负面情绪，及时了解学生的思想动向，有针对性地解决学生的情绪问题，避免学生不良情绪的长期积累。同时，学校应重视和加强对辅导员队伍心理咨询、情绪疏导等方面技能的培训，使他们掌握一定的专业知识。

## 四、大学生的情绪管理及其能力培养

大学阶段是一个充满挑战和机遇的阶段，大学生不仅面临着学业、职业规划等多方面的压力，还需要应对人际关系、自我认知等方面的情绪困扰。情绪管理在大学生的成长过程中起着重要作用，它不仅关系个体的心理健康，还直接影响他们的学习效果、社交能力以及未来的发展。

### （一）情绪管理的重要性

情绪管理是指个体对自己情绪的认知、理解和调节。对大学生而言，情绪管理显得尤为重要。首先，大学生正处于成长发展的关键时期，情绪不稳定容易影响他们的身心健康。其次，情绪管理关系人际交往，良好的情绪管理有助于维护人际关系，减少冲突。最后，大学生的学习和职业规划需要稳定的情绪状态作为支撑，情绪不稳定可能影响他们的学业和未来发展。

### （二）大学生常见的情绪问题

在大学生群体中，存在着一些常见的情绪问题。学业压力是主要的情绪源之一，由于课业负担沉重，考试竞争激烈，很多学生会感到焦虑、紧张甚至失眠。社交压力也是常见问题之一，大学时代是社交拓展的时期，但与陌生人建立联系、维护友谊等都可能引发情绪问题。在自我认知方面，大学生逐渐寻找自己的定位和意义，这种自我探索可能导致情绪的不稳定。

### （三）情绪管理的方法

情绪管理并不是简单地压抑情感，而是通过适当的方法来调节和应对情绪。首先，认知重塑是重要的方法之一，即通过改变自己对事物的看法来调整情绪。其次，情绪表达也十分关键，学会适当地表达自己的情感，不仅有助于释放压力，还有助于与他人沟通。再次，放松技巧如深呼吸、冥想等可以帮助缓解情绪紧张。最后，建立积极的生活方式，包括良好的饮食、运动和作息习惯，有助于维护身心健康，从而更好地应对情绪问题。

### （四）情绪管理能力的培养

情绪管理能力可以通过系统的培养和训练来提升。首先，大学生应该增强情绪的自我认知，了解自己常见的情绪模式和触发因素。其次，大学生要培养积极的心态，学会从积极的角度看待问题，培养乐观情绪。再次，大学生应学会设定合理的目标，分解任务，避免过度压力。最后，情绪管理还需要实践，大学生可以通过日常的情境练习来逐渐掌握情绪调节的技巧。同时，倾听他人的经验也有帮助，可以从他人的情绪管理中汲取经验。

大学生的情绪管理能力对于他们的成长和发展至关重要。通过认识情绪管理的重要性，了解常见的情绪问题，掌握有效的情绪管理方法，以及培养情绪管理能力，大学生可以更好地应对压力，维护身心健康，取得更好的学业和职业成就。情绪管理不仅是一项必备的生存技能，更是实现个人全面发展的关键一步。

# 第三章

# 大学生积极人际关系培育

积极的人际交往有助于个体形成积极的人格，适应社会的发展；消极的人际交往则会使人产生心理冲突，阻碍其适应社会。因此，大学生必须注重提高自身的人际交往能力，构建健康积极的人际关系。本章主要围绕人际交往及其常见问题、大学生良好人际关系的形成展开论述。

## 第一节　人际交往及其常见问题

人际交往是一个人社会化的必经之路，是人的基本需求之一。人一生的成长、发展，无不与人际交往密切相关。愉快、广泛的人际交往既有助于个体的人格发展，又有助于满足个体的安全感和归属感。大学生正处于一种渴求人际交往、渴求他人理解的心理发展时期，但是，面对各种各样复杂的人际关系，要想恰当处理它们则需要掌握一定的人际交往技巧。

### 一、人际交往

#### （一）人际交往与人际关系

人际交往是个体通过一定的语言、文字、肢体动作、表情等表达手段将信息传递给其他个体的过程。交往的结果即人际关系，人际关系指人们在交往的过程中，人与人之间形成的心理的和社会的关系。人际交往是实现人际关系的途径，是一个动态的过程。亲近、信赖、友好的关系来自双方社会心理需要的满足。

人际交往受到交往双方认知、情感、态度的影响。认知是指个体对自己和他人以及相互关系的了解与把握。例如，一些大学生在人际交往过程中对自己评价过低，导致其在实际交往时退缩回避，还有一些大学生过高地评估交往双方之间的关系，以至于对他人存在较多不合理的要求与期待，这都会影响关系的建立和维持。情感是人际关系的重要调节因素，人们根据自身的情感体验不断调整人际关系；态度则直接影响人际关系的建立、形成和发展，真诚、尊重、宽容的态度有利于人际交往。

### （二）人际交往的重要意义

对于任何个体而言，人际交往都有着十分重要的意义，具体表现在以下方面。

#### 1. 人际交往是个人社会化的起点

每个人的社会化进程自出生以来就开始了。人们一出生就处于人际交往中，依赖父母的照顾，为其提供生长所需要的食物、衣着、关怀等。与此同时，接受父母及其他周围人的影响，人们改变着自己的行为以适应周围环境。因此，从这一角度来看，人际交往是个人社会化的起点。

#### 2. 人际交往是个人获得知识的重要手段

人际交往是获得知识的重要手段，这主要表现在以下方面：①随时可吸取对自己的工作、学习和生活有意义、有价值的知识和经验。②可以借鉴别人的优势，改变自己的劣势。③可以学习他人成功的经验，吸取他人失败的教训。④可以扩充自己的知识积累，拓展已有的知识体系，更新思想观念，追踪新信息。

#### 3. 人际交往是个人认识自我的重要途径

人对自己的认识总是以他人为镜，需要通过与他人的比较，将自己的形象反映出来，并加以认识。他人的尊重、喜爱、赞扬，或是轻蔑、讨厌、疏远，常常成为个体认识自我的尺度。从他人对自己的反应、态度和评价中，个体发现了自己的长处和短处，找到了自己恰当的社会位置，为自我的设计、发展、完善创造了有利条件。离开一定的人际交往，就无法弄清这一点。因此，应多方位、多层次地与人交往，与他人有更密切的接触和了解，吸收更多可靠的信息，更清晰地确定自己的形象，了解怎样的行为才最符合自身情况、最有利于自身发展。

**4. 人际交往是维持心理健康的基本需要**

每个人都需要友情、亲情，需要别人的认可、支持，需要与他人保持人际关系。人际交往对人的心理健康十分重要。人本主义心理学研究人的心理需要层次时指出，一个人在生理需要得到满足之后，就会追求更高级的需要，如安全需要、归属与爱的需要、尊重的需要等，这些高级需要都是在人际交往中被满足的。如果建立了良好的人际关系，就会产生心理安全感，对人更加信任、宽容。特别是当人处于情绪困境的时候，向人倾诉对于心理健康具有积极作用。

**5. 人际交往是社会联系的桥梁**

社会是一个有机整体，它的存在与发展离不开信息的传播与反馈，以此保证管理机构与执行者以及各自内部之间的沟通、联络。社会联系除了正式的传播媒介外，大部分由人际交往来实现。人际交往通过个体间的相互联系、相互影响，把个体联系组成各种集体，以实现社会的系统功能。因此，人际交往不仅对交往者个人有着重要作用，而且对整个社会都有积极意义。

**6. 人际交往是获得事业成功的重要保障**

一个人事业的成功，部分源于他的专业技术，此外，还需依靠人际关系和处事的技巧。因此，在我们为某一目标奋斗的过程中，需要努力与他人交往、合作。一个人的能力是有限的，且有其擅长的一面，也有其不擅长的一面，这就需要把各人的知识、专长和经验融合在一起，才能增加获得成功的概率，而这只有通过人们的相互交往才能实现。同时，在这一过程中，一个人的能力、才华、品格得以充分表现，从而得到他人的肯定、社会的承认，也获得尊重、友谊和自信心，达到在群体和社会中自我实现的境界。

## （三）人际交往的吸引规律

人际交往中存在一定的吸引规律，概括来说主要包括以下方面。

**1. 接近吸引规律**

在人际交往过程中，当交往双方在兴趣、态度、职业、背景等诸多方面存在相似性时，双方更容易彼此吸引，进而建立良好的人际关系。因此，在人际交往的过程中，应尽量选择一些双方感兴趣的话题，努力寻找双方的接近点和共鸣点，以促进人际交往。

**2. 对等吸引规律**

人们偏向喜欢那些随着交往的深入而越欣赏自己的人，讨厌那些随着交往的深入而越厌烦自己的人，这实际上也是由人际交往的对等吸引规律引起的，即真心欣赏别人的人也会被自己欣赏的对象所欣赏和欢迎，而讨厌别人的人也会被自己厌恶的对象所讨厌和拒绝。因此在人际交往过程中，要想收获一份真诚的人际关系，就必须用真诚的态度去对待别人。

**3. 诱发吸引规律**

在人际交往的过程中，如果出现某些能够正向刺激对方的诱因，则很容易引起对方的注意和交往兴趣，从而有利于交往双方建立人际关系。一般情况下，这些正向的诱因包括得体的装扮、漂亮的外表、风趣的谈吐、幽默的言语等。但这里需要注意的是，假如这些诱发因素是有准备的前置因素，就必须注意恰当、含蓄、自然，否则可能会带来负面效应。

**4. 互惠吸引规律**

人都有追求奖赏、幸福而避免惩罚、痛苦的心理需求。人们对乐观开朗、助人为乐、富于幽默感、有进取精神的人常常表现出倾慕之情。因为与这种人相处，能给人带来益处。如果交往的双方能够给对方带来知识的、生理的、心理的收益，就能增加相互间的吸引，换言之，双方都会因为可以获得愉悦感和益处而进行交往。

**5. 光环吸引规律**

在人际交往的过程中，一个人假如在能力、特长、品质方面比较突出，或者具有较高的社会知名度，那么这些积极特征就会像光环一样产生晕轮效应，让其他人认为他的各方面都很优秀，从而愿意与他交往。

**6. 互补吸引规律**

互补的范围包括能力特长、人格特征、需要利益、思想观点等多个方面。当双方的个性或需要及满足需要的途径正好为互补关系时，就会产生强烈的吸引力。这是因为人们都有要求自我完善的倾向，当个人无法实现这种要求时，便会想要从他人身上获得补偿，以达到满足个人需要的目的。

### (四) 人际交往的作用

**1. 人际交往满足人们的基本心理需求**

人是社会性动物，即便是不会说话的婴儿，也会通过眼神、哭声与肢体动作同周围的人进行沟通，并对他人的反应进行回应。如果无法与人交往并建立关系就无法生存。心理学家马斯洛提出的需要层次理论也言明，得到他人的爱与尊重是人们的基本需要之一，这与吃饭、睡觉等生理需要同等重要，得不到这种需要，将严重影响个人的身心健康。

**2. 人际交往促进人格发展**

首先，稳定的人际交往是心理乃至生理正常发展不可缺少的条件。如果缺乏与其他社会成员的正常交往，个体的人格发展就会出现明显问题。其次，我们通过与他人的互动认识自己；通过他人的反馈改变性格中的缺陷；通过模仿他人完善自我。通过比较他人对自己的评价和自己对自己的评价的异同，我们能实现多个“自我”的整合，全面塑造自己的人格。最后，人际交往是一个人实现社会化的必然过程。人必须要在与各种人的具体交往中去学习、体会社会规范并将其内化，促进人格发展。

**3. 人际交往促进见识增长**

相互交流可以使人获得大量信息，拓宽知识领域，开阔精神视野。在与老师、同学、朋友的交往中，思想撞击可以产生新的火花，让自己茅塞顿开。

**4. 人际交往提高心理健康水平**

人际交往有利于心理健康，良好的人际关系是健康的心理和人格的一种表现。人们在人际交往中不仅可以得到他人的帮助，还可以减轻孤独感和内心的痛苦。与他人交往可以在一定程度上宣泄自己愤怒和悲伤的情绪，从而减轻内心压力。一般来说，心理健康水平较高的人通常具备积极开展人际交往的特点，能与朋友等保持长久而紧密的关系。

**5. 人际交往使人获得价值感与意义感**

人际交往还能提供情感支持，使人获得安全感与价值感。个体在人际交往中感受到自身被需要、被认同，进而获得意义感。

**（五）人际交往的不同阶段**

在人际交往中，两个交往的主体往往需要经历由浅入深的过程，这一过程包括以下阶段。

**1. 定向阶段**

定向阶段是指由零接触过渡到单向注意或双向注意的阶段，包括注意、选择交往对象和进行初步交流。在这个阶段，本来素不相识的人通过选择性注意，逐渐把对方纳入自己的交往对象范围。这个阶段双方仅限于进行初步选择，还未建立较深入的联系，人们通常会根据初步沟通的效果来判断关系是否可以继续深入，因此人们会在这个阶段非常注意自己的言行是否恰当，能否给对方留下好的印象；沟通的内容也会有所保留，通常是一些公开的、基本信息的交流。如果在这个阶段过多涉及对方隐私方面的话题，则会影响关系的建立与发展。需要注意的是，每个人的自我开放程度不同，我们在交往中需要根据对方的反应来判断对方的开放程度，调整自己的言行和谈话内容。

**2. 情感探索阶段**

交往双方由注意逐步向心理、情感交流转变，开始逐渐由浅入深地建立心理联系。在这个阶段，交往双方从公共信息逐渐发展到个人信息的沟通和交流，自我暴露的深度和广度有所增加，并逐渐开始进行情感的沟通和交流。但是，在这个阶段，双方仍未进入对方的隐私领域。此时双方尚处于普通人际关系阶段，关系破裂也不至于造成巨大的痛苦。在大学中，大部分同学之间的关系保持在这个阶段，不会进一步深入。

**3. 情感交流阶段**

交往到情感交流阶段，双方对彼此的好感度、信任度都有了质的变化，沟通的范围和深度有所扩展。随着相互安全感的建立，交往双方分享的内容开始涉及自己的隐私，在交往中更加真实，不再小心翼翼，能够将自己的需要和情感表达出来，也会对对方有更多的期待与要求。但在这个阶段若是毫无顾忌地表达自己，不顾对方的需要和期待，将会对这段关系造成伤害。双方关系能进入这个阶段较为不易，所以，我们对进入情感交流阶段的关系更应该用心经营。

**4. 稳定交流阶段**

处于稳定交流阶段的交往双方彼此了解很深，情感联系密切，能够包容对方的缺点，在心理上相互支持，双方都能给予彼此持续的安全感，允许对方进入自己的隐私领域，自我暴露的深度和广度更加扩展。交往双方不仅停留在情感的依赖上，还达到了深层的心理联结，在人生态度、价值观上不一定完全相同，但互相认同。

### （六）影响人际吸引的因素

影响人际吸引的因素错综复杂，社会心理学认为，有两方面因素影响人际吸引：一是个人吸引力；二是相互吸引力。

**1. 个人吸引力**

个人吸引力因素指个人具有吸引他人的条件和素质，包括以下五方面的内容。

（1）外在形象。长相、穿着、仪态和风度会直接影响个人的吸引力，人们普遍喜爱长相较好、衣着整洁、风度翩翩的人。人际交往的最初动力就是外表吸引力，特别是在大学生群体中，外在形象的影响力更大。人们不仅会被具有良好外表的人吸引，还会认为这些人具备美好的品质，能够拥有幸福的生活。尤其是在交往的初始阶段，即人际交往的定向阶段，外表的吸引力是一个重要的影响因素。但是，由于个人审美的差异，美的标准并不绝对。[①]

（2）个性特征。随着交往时间的增加，主要的吸引力因素将会从外在的形象转为个体内在的个性特征。事实上，外表的吸引力对人际交往只起到较小的作用，个性特征的影响对维持稳定的关系更为重要。其中，人际交往中受欢迎程度较高的几个个性品质是真诚、诚实、理解、忠诚、可信赖等。

（3）能力特长。毫无疑问，具有一技之长、表现出众的人会吸引更多的关注。因此，大学生通常希望自己成为拥有超凡能力和出众技艺的“完美人”。其实，这样反而会给周围的人造成压力，让人敬而远之。相比“完美人”，那些偶尔出现一两次错误，或者具有一些小瑕疵的“优秀人”反而更容易建立良好的人际关系。

（4）自尊。自尊会影响个体在人际关系中的主动性、积极性、放松程度以及对交往过程中言语信息和非言语信息的理解和敏感性。一般而言，自尊感高的人对自己有比较积极客观的认识，认为自己是一个有价值的人，相信自己会受到他人的欣赏与尊重，也能够接受个人的不足之处及他人的评价。这样的人在人际交往中能够将注意力放在交往的内容上，比较放松，开放自我，主动交往，预期成功；而低自尊的人容易在人际交往中过分关注自我或他人，忽略积极的信息，敏感拘束，预期失败，给交往对象造成过分封闭自我，交往被动的感觉。

（5）心境。生活中每个人的心境状态是不一样的。心境低落的人更倾向作出负面评价与悲观预期，心境积极的人更容易表达出快乐的情绪，对事情也保持积极的态度与看法。人们的思维、情绪和行为都会受到他人的影响，当然更愿意接近幽默、积极、乐观的人。

**2. 相互吸引力**

相互吸引力指在相互交往过程中，使彼此产生吸引力的条件和

① 李旭，邵昌玉，郑涵予，2018. 大学生心理健康与积极成长［M］. 重庆：重庆大学出版社．

因素，包括以下两类。

（1）邻近与熟悉。在能够满足彼此需要的前提下，空间距离较近的个体之间相互接触和了解的机会较多，因此容易建立较为密切的人际关系。大学生群体中，互相成为朋友概率较高的是同班、同宿舍或座位挨得较近的同学。心理学中暴露效应的观点认为，如果其他条件相当，人们更喜欢他们经常看到的人。邻近性会增加重复暴露的机会，进而产生熟悉和信任感，而熟悉是成为朋友的前提。需要注意的是，随着交往深入和时间推移，邻近性的作用会逐渐减弱，甚至还可能带来反作用。如果双方的某些言行令对方反感，重复接触就会加重这种反感。另外，如果交往进入情感交流与稳定交流阶段，随着个人信息暴露的增多，越接近的双方也越有可能形成负向关系，甚至可能互相伤害。

（2）相似与互补。邻近性吸引在人际交往的定向阶段影响较大，而一旦建立联系，双方的相似性就变得很重要。人们通常喜欢和那些在某方面与自己相似的人交往，个体之间的相似程度越高，越容易产生熟悉感。相近的年龄、家庭背景、经济条件和社会地位影响人的价值观、处世态度，使他们相互产生认同感。互补看似与相似矛盾，但当沟通双方的需求及人格特征等方面形成互补关系时，也容易产生相互之间的吸引力。这在人际交往的情感探索和情感交流阶段，对维持长久稳定的关系非常重要。例如，如果交往双方的控制欲都很强，都非常有主见且不愿妥协，那么关系一般无法长久维持；如果一个比较喜欢指挥，一个比较被动，这样形成的互补关系一般比较稳定。

### （七）人际交往的心理学效应

人际交往中涉及许多心理学效应，我们能通过这些心理学效应增进对交往对象的了解，或增加他人对自己的好感度，但有时它们也会影响我们对他人的看法，造成误解。通过了解这些常见的心理学效应，我们可以发挥它们的积极作用，回避它们带来的负面影响。

**1. 首因效应**

首因效应，又称第一印象效应，指交往双方形成的第一印象对今后交往关系的影响较大，即通常所说的“先入为主”。如果一个人在初次见面时给人留下了良好的印象，那么人们往往愿意和他接近，彼此也能较快地相互了解，并会影响人们对他以后行为的印象。反之，一个初次见面就引起对方反感的人，即便由于各种原因难以避免与之接触，人们也会对他很冷淡。这提示人们在人际交往中要尽量给他人留下好的第一印象，同时也要注意，仅凭第一印象来评价一个人往往不够客观准确。

**2. 近因效应**

近因效应指最后的印象对人们的认知会造成影响。在与陌生人的交往中，首因效应比较明显；而在与熟人的交往中，近因效应比较明显。根据近因效应，我们和熟人交往时，可以用最后几分钟的言谈举止给对方留下较好的印象。另外，由于近因效应，熟人之间保持一定距离也很重要。

**3. 光环效应**

在人际交往中，如果我们欣赏一个人，往往会放大这个人的优点，我们对他的言语行为的理解也会从善意的角度出发，甚至他的某些缺点也会被解读为优点；而厌恶一个人时，我们会不自觉地关注这个人不良的言行，他身上的缺点则会被放大。这种根据对方某个特点而泛化到其他的特质，根据一个判断推论出该对象其他品质的现象，就称为光环效应，又称晕轮效应。晕轮效应在爱情和偶像崇拜中最明显，当我们喜欢或崇拜一个人的时候，就往往会把很多自己喜爱、期望的理想人格特质赋予他们。

**4. 投射效应**

投射现象指在人际交往中，人们总是不由自主地假设他人与自己有相同的倾向，假设他人的想法、感受与自己相同。例如，一个人如果对自己的评价比较消极，认为自己不善于人际交往，不喜欢自己，就很可能会把对自己的消极评价与负面感受投射到交往对象身上，认为对方也这样看待自己，因此会过分注意与这个想法相符的细节，甚至很可能过度解读对方的言行，来印证自己的想法，这不利于自身人际关系的建立。

**5. 刻板效应**

刻板效应又称刻板印象，指社会上对某一类事物或人比较固定、概括、笼统的看法。刻板印象比较机械地将人进行分类，进而将对某一类人的普遍看法赋予个体。刻板印象虽然在一定程度上有利于对某一群体进行概括性了解，但对个体而言，则容易“先入为主”，影响人与人之间进行深入细致的交流。

## 二、大学生人际交往中的常见问题

人际关系对大学生至关重要。但是在现实生活中，部分大学生在人际交往过程中受阻，出现种种人际交往问题，进而严重影响了学习、生活和身心健康。其中的原因，既有个体自身的因素，也有交往技巧方面的问题。

### （一）对人际交往有完美期待

部分大学生看待人际交往充满了理想色彩，认为大学同学之间的关系应该没有任何功利色彩。他们认为真正的朋友应该完全以诚相待、思想一致、感情相通，不能忍受任何争执、矛盾，还应该无话不谈，不能有任何隐瞒和秘密。因此，他们在交往过程中一旦出现不协调，就感到失望；若发现对方有一些事没有告诉自己，就感觉朋友不够坦诚，甚至有被欺骗、受伤害之感。一部分同学对现实中的人际交往感到不满意，常常不是因为交往事实的问题，而是因为他们用过于理想化的眼光来衡量现实。

### （二）悲观预期交往过程与结果

在人际交往中，相当一部分大学生存在明显的认知偏差，例如低估自己与人交往的能力，高估自己在人际情境中会遇到的问题，过高估计别人对自己的关注，以至于在交往前和交往过程中都会进行消极的自我暗示：“我肯定表现得不好，不可能给别人留下好印象。”“我不如其他同学那么受人欢迎。”这就使他们认为自己时刻处于众人关注的焦点，不能出现一丝一毫的失误，失误后就百般自责、懊悔，担忧会对自己的形象造成负面影响，他人会如何评价自己等。他们的注意力大部分集中在对当下交往情境的恐惧情绪和交往结果的担忧，这影响了他们对其他人的觉察和关注，让人产生此人很“高冷”，不愿意与人交往的错觉。有的大学生总怕别人发现自己的弱点或给别人留下不好的印象，甚至不敢在公众场合社交。

### （三）在人际交往中以自我为中心

现在多数大学生都是独生子女，由于没有兄弟姐妹，不少同学缺乏与他人分享的经历，这使他们中的一部分人在与人交往的时候习惯于以自己为中心。以自我为中心的人在交往中常常表现出：很少关心别人，与他人关系疏远，不关心他人是否需要自己的倾听和支持；别人一有错误就立即指责，然后大谈自己的看法；自尊心过强，不能忍受他人对自己的意见，一旦对方与自己意见相左就指责对方；等等。然而，这种强烈的自我中心意识往往会把自己束缚在狭窄的圈子里，极大地缩小人际交往领域，造成社交障碍。

### （四）缺乏人际交往的经验和技巧

很多同学面对人际交往缺乏主动性，除了因为对自己信心不足外，还可能出于个性比较内向，长期封闭自己，缺乏与人交往的成功经验，不知道如何进行人际交往。例如，见面时不懂得要主动打招呼，交流时不能作出积极回应，不善于表达情绪，缺乏辨别他人情绪的能力，对他人情绪变化缺乏敏感或过度敏感，不懂得人际交往要团结协作、互惠互利，不知道如何应对他人的不合理要求等。由此导致的失败经历又加重了他们对人际交往的回避，导致恶性循环。

## 第二节 大学生良好人际关系的形成

大学生活中同学之间的人际交往状况，往往决定了一个大学生是否对大学生活感到满意。没有形成友好、融洽的人际关系的大学生，常常表现出敏感、压抑、自我防卫、难于合作的特点，自我的满意程度较低；而拥有融洽人际关系的大学生，则表现出更多的乐观、注重学习与成就、乐于与人交往的特点。可见大学生的人际交往状态与其心理健康程度和幸福满意程度密切相关。

## 一、大学生人际交往中应遵循的原则

为了发展积极健康的人际关系，大学生在交往中应遵循一定的原则。

### （一）尊重原则

马斯洛需要层次理论提出，渴望受到尊重是每个人的基本心理需求。不仅要尊重交往对象的人格与尊严、个性习惯与隐私，还要尊重彼此存在的外显或内在的心理距离。与人交往应一视同仁，不因为家庭背景、地位职权、贫富等方面的差异而对人另眼相看。大学生自尊心较强，在人际关系中希望得到对方的认可与信赖，当他们感觉到对方的尊重时，才会产生交往的意愿，感觉被轻视、被冒犯，则势必造成他们的戒备、反感和疏远。此外，还应注意不要把自己的意志强加给对方，不要求他人完全按照自己的意愿做事。同时，在人际交往中也不要忘记尊重自己，客观看待自己，不因自己的不足而自卑。

### （二）真诚原则

真诚是一种优良的个性品质，也是在人际关系中最受欢迎的品质之一。在人际交往中最基本的心理保证是安全感，没有安全感的人际关系难以正常发展，而只有真诚以待才能带给人安全感，促进相互了解，并在此基础上相互理解、接纳，建立起良好的人际关系，发展出健康真实的友谊。真诚是不欺骗，强调表达自己真实的想法和态度，但真诚并非是在任何时刻都毫无顾忌地表达。

### （三）宽容原则

宽容的人在人际交往中能够接受人与人之间的差异、误会、分歧，但也不意味着一味忍让。当遇到矛盾与冲突时，对非原则性的问题不斤斤计较，胸怀宽广，求同存异，是一个人自信、力量和勇气的表现。

### （四）互利原则

人际交往在一定意义上也是一个交换过程，一段人际关系是否能够持续下去，主要看交往双方是否都能从关系中获益，双方需求是否都能得到满足。只有单方获益甚至没有人获益的人际关系一定不能长久，交往双方互利性越高，关系就越持续、密切，这种益处包括了物质和精神两方面。良好的人际关系总是在双方互相关心、支持和帮助中发展深化的。

## 二、大学生人际交往中的技巧

大学生在进入大学之前，大部分精力放在学习上，生活经验不足，也没有刻意了解和学习人际交往的技巧，进入大学后，面对较为复杂的寝室、班级和社团关系常常容易与人产生矛盾、摩擦，不知如何应对和化解。不处理则造成长期人际关系不良，进入恶性循环；处理又不知技巧，容易造成矛盾。对此，本部分列举了一些人际交往技巧，具体内容如下。

### （一）积极主动交往

在人际交往中，许多大学生并不主动发起交往活动，而是扮演响应者的角色，更有一些大学生在被动接纳时也处于退缩状态。人们都希望自己被接纳、受欢迎，所以每个人都希望他人能够主动与自己建立联系，积极的人际交往态度是建立良好人际关系的基础。

人际交往具有互动性特征，想要成为人际关系良好的人，就需要有主动交往的能力。积极主动地交流，关心他人的内心需求，有助于构建和谐的人际关系。

### （二）学会倾听和交谈

许多大学生都非常关注自己是否善于表达，但是交际首先要学会倾听。在现在这个忙碌复杂的社会，倾听是亲人和好友之间互赠的最好“礼物”之一。学会倾听，大学生要培养尊重意识，倾听者需要沉着安静、耐心专注，还需根据对方的话题作出适当的反应，谈到高兴的事情时点头微笑，谈到伤心的事情时面色沉重，还要避免中途打断及出现走神的举动。如果不赞成对方的某些观点，也不要轻易打断，以使对方感到受尊重和被理解。在别人说话之后，也不要沉默不语，全无反馈，更不要自顾自地直抒己见。可以用自己的话简要重复说话者表达的信息，再表明自己的意见。这样一是让对方知道他们在被认真地倾听；二是检验自己理解的准确性，保障有效沟通。此外，当对方没有询问解决问题的办法时，不要主动给建议，对方有可能只需要被倾听，希望得到别人的理解与支持。

交谈也是一门艺术，大学生要学会交谈，就要善于寻找话题。好话题的标准是至少有一方熟悉并善于交谈，或者大家都感兴趣、爱交谈。在交谈过程中，当双方的兴趣和关注的焦点汇聚在一起时，彼此才能顺利沟通，增进友情。有两种情况需要转换话题：一种情况是自己对谈论的话题失去兴趣，而对方却谈兴正浓，彼此很难谈到一起；另一种情况是观察到对方不愿再谈下去的暗示。此外，在谈话中还应尽量遵循省力法则，用简明扼要、风趣幽默的语言，在最短的时间里愉快地交谈。一次交谈是否成功很多时候不仅取决于交谈的内容，更多地还取决于交谈者的神态、语气、动作等非言语信息，即说的内容不重要，怎么说才重要。大学生在交谈的时候还要注意场合，表现出自己的友善之心。

### （三）学会赞美他人

人都希望被肯定，心理学认为，相对而言人们更喜欢那些欣赏自己的人，特别是自我意识发展有待完善的大学生更注重他人对自己的评价。赞美他人可以给双方带来愉快的情绪体验，能够调动人的积极性，增加人际吸引力。因此，由衷真诚的赞美一定会提升对方对自己的好感度，是建立良好人际关系的重要方法。但赞美不是吹捧，而是基于事实，情真意切地表达。只有发自内心的真诚欣赏与赞扬才会得到对方的好感，且赞美要因人而异，注重细节、突出特点的赞美比空泛的夸赞更令人印象深刻。

### （四）巧妙进行批评

一般而言，大学生在交往中应多用赞扬，尽量不批评，实在需要时，为减轻批评对人际关系的伤害，可遵循以下原则：①批评从称赞和诚挚感谢入手，否定带来的不悦可以被诚挚的称赞和感谢带来的愉快情绪所冲淡。人们在心情愉快时，对批评的接受度会明显提高。②批评前，先提到自己的错误。被批评者在批评者面前常会有一种错觉，似乎批评者是在用批评显示他的优越，如果我们先提到自己的不足，可以明显弱化这种意识，使人容易接受批评。③不当众批评。当众批评极易挫伤对方的自尊心，会导致对方的恼怒和反击。因此，当别人有错时，可以在单独相处时间委婉地提醒对方注意。④批评要对事不对人。批评一定要注意就事论事，避免使用“总是”“从来”这样的词语，要具体地指出对方需要改进的某一个行为，不要泛化到普遍的情况，更不要给对方的人格下定义，即不能由事扩大到人。⑤批评要针对现在，不纠缠旧账。错在哪里就批评到哪里，不去纠缠对方的旧事。

### （五）适当自我暴露

自我暴露是一种人们自愿地、有意地把自己的真实情况暴露给别人的行为，它透露的信息多数是他人不可能从其他途径获得的。自我暴露的信息是真实的。一定程度的自我暴露有利于人际交往。自我暴露过少，不利于人际交往的深入；自我暴露过多，则会增加不安全感和被伤害的可能性。

在人际交往中，人们倾向与那些和自己的自我暴露程度相当的人交往。心理学认为，理想的自我暴露是对少数亲密朋友作较多的自我暴露，而对一般朋友和其他人作中等程度的自我暴露。因此，大学生在人际交往中，进行自我暴露的时候要考虑到对象，也要掌握分寸，根据对方自我暴露的程度、对方的反应、双方的关系等来进行自我暴露。

# 第四章

# 大学生积极心理品质培育的提升路径

开展大学生积极心理品质培育工作对于大学生心理健康发展以及成长成才具有重要意义，为此，高校教育工作者必须关注大学生积极心理品质的发展，并对大学生积极心理品质培育的提升路径进行深入探索。本章主要围绕大学生心理挫折及其行为反应、大学生积极心理培育的组织系统、大学生抗挫折能力的培育、大学生心理韧性培养的提升路径展开论述。

## 第一节　大学生心理挫折及其行为反应

在当今复杂多变的社会生活中，人们总是不可避免地会遇到一些困难和挫折，大学生也不例外。有些挫折大学生能够承受，有的则超出了他们的承受能力范围，重大的挫折还会破坏大学生的身心平衡。因此，大学生的心理挫折和心理韧性也就成了大学生心理研究中的重要内容。从积极心理学视角来看，要想培育大学生积极的心理品质，就必须努力培养他们的抗挫折能力，并不断提升其心理韧性。

### 一、大学生的心理挫折

#### （一）大学生心理挫折的产生原因、条件与影响因素

**1. 心理挫折的产生原因**

（1）客观原因。

1）自然因素。自然因素是指非人力所能及的一切客观因素。

地震、泥石流、海啸、洪水等自然灾害都属于自然因素，它们会给人带来一定的心理挫折。

2）社会因素。心理挫折产生的社会因素是指个体在社会生活中受到的各种限制，包括一切政治、经济、道德、法律、信仰、民族风俗、习惯以及人际关系等。对于大学生而言，社会对大学生身份的认同感较低，加之社会就业形势严峻，这些都是他们产生心理挫折的重要社会因素。此外，随着大学生数量不断增加，以及我国城市化进程的不断加快，大学生毕业后就业压力不断加大。激烈的就业竞争让不少当代大学生面临毕业即失业的现实。求职的方式很多，大学生一般可以通过双向选择、择优录用等方式找工作，但是效率普遍不高，这易导致大学生心理上产生困惑和不安定感。

3）家庭因素。有些家长对子女呵护有加，在生活中有意无意替孩子抵挡某些本应由孩子自己面对的困难和挫折，导致孩子较少经受生活磨炼，丧失了在各种挫折中成长的机会。缺乏必要的挫折锻炼和磨难教育，造成部分孩子适应能力和心理承受能力较弱，严重的还会导致其人格发展不健全。进入大学后，生活及学习环境的改变，新的人际关系和各种压力，使他们容易产生挫折感。部分家长对子女期望值过高，教育观念陈旧，对子女控制过严或盲目放任，也是部分大学生容易产生心理挫折的一个重要因素。

4）学校因素。学校与大学生的心理挫折有直接关系。具体而言，主要表现在以下方面。

第一，大学校园环境设施较差。大学生往往对大学校园与大学生活有着美好的憧憬，但现实中许多大学校园设施不完善，住宿条件、就餐环境等后勤保障跟不上学生的需求，导致大学生的不满情绪增加。尤其是大学扩大招生以来，大学生人数不断增加，部分大学对学生上课、自习教室的安排明显存在不充足与不合理的现象，无法满足大学生的主动学习需求，这给大学生的学习带来了消极的影响，使大学生心理上产生挫折感。

第二，大学教学内容与管理方式滞后。当今社会是一个开放的、不断变化着的社会，社会的发展需要大量的拥有创新意识、掌握最新科学知识的优秀人才。求知欲和成就动机非常强的大学生，往往希望学习最新的知识，能够在社会上大有作为，但是由于各种原因，部分高校的教学内容滞后于现实社会的变化和发展，使大学生对此感到失望，挫折感油然而生。此外，大学如果不能根据社会发展适时调整对学生的教育模式，不能根据学生的个性发展、心理特征及时调整对学生的管理方式，在管理中使用过强的共性制约，就会抑制学生的个性发展，进而导致其产生心理挫折。

第三，大学校园文化氛围较差。校园文化对大学生心理健康有直接而深远的影响，如果大学校园文化普遍存在问题，校园人际关系庸俗化，会使大学生产生心灵上的孤独感，同学之间相互猜疑，小团体主义、个人主义现象时有发生，这些现象都会使大学生产生心理挫折。

5）生理因素。个体与生俱来的身体、容貌、健康状况等先天因素所带来的限制就是挫折产生的生理因素。例如，身体素质较差的学生难以成为优秀的运动员；身体残疾的学生在人际交往等社会活动中可能会处于劣势，往往无法在社交场合中挥洒自如、展示自己的才能，甚至正常交友也受到影响。这些生理因素可能给大学生带来挫折感。

（2）主观原因。

1）认知偏差。认知是一个人对某一事件的认识和看法，包括对过去事件的评价、对当前事件的解释、对未来可能发生事件的预期。心理学认为，认知是与情感、意志、动机和行为相联系的一种心理功能状态，是压力产生作用的中介因素，外界刺激正是通过认知这一中介而产生各种各样的心理行为。正确的、科学的、合乎逻辑的认知可以降低压力的强度；错误的、非科学的认知则可以增加压力的强度。由于认知方式的差异，人们对同一事物有可能产生不同甚至完全相反的看法，进而引起不同的心理反应。

部分大学生因为过往生活单一、受到的正面鼓励多，往往会出现认知偏差，如把生活中的不顺利、不愉快、学习交往中的挫折看作不应该发生的事件，仅根据一两件事情的失败来判断整个人的自身价值，夸大挫折后果等，从而导致心理挫折的产生。

大学生社会经验比较少，往往不能正确地认识自我，常给自己制定过高的目标，一遇到困难、阻碍便会畏缩不前，产生失败感或焦虑苦恼的情绪。例如，有的大学生刚入学就对自己提出了很高的要求，然而却不适应大学与中学在学习方法、评定标准上的差异，以为只要自己苦学就行了。主观盲目地给自己制定过高的目标，其结果当然是实现不了，这对他们而言无疑是一次不小的挫折。

2）动机冲突。在现实生活中，人们经常会遇到同时产生两个或两个以上动机的情况。如果这些并存的动机不能同时获得满足，并且它们在性质上又彼此相互排斥，那么就会产生动机冲突的心理现象，进而产生挫折感。

大学阶段是由学生向社会人转变的一个过渡期，周边环境在为大学生的全面发展提供了有利条件和广阔天地的同时，也给他们带来了经济、专业、社交、择业等方面的取舍问题。当若干个动机同时存在且难以取舍时，就会使大学生感到左右为难，内心极易产生强烈的挫折感和焦虑不安的情绪。随着社会的发展，大学生选择的自由度将会越来越大，而由此带来的动机冲突也必然增加。总体而言，大学生的动机冲突主要有以下形式。

第一，双避冲突。双避冲突又称负负冲突，指个体同时面临着两个都想躲避的可能对个体具有威胁性、不利性的事件，但受条件限制，只能避开一种，接受一种，在抉择时内心产生矛盾和痛苦。

第二，双趋冲突。双趋冲突又称正正冲突，指个体面对两个具有同样吸引力的目标，因为条件所限，两者不可兼得，必须从中选择其一时所发生的难以取舍的心理冲突。双趋冲突是大学生最常见的心理冲突之一。

第三，趋避冲突。趋避冲突又称正负冲突，指个体对于同一目标同时具有趋近和逃避的心态，这一目标可以满足人的某些需求，但同时又会构成某些威胁，既有吸引力又有排斥力，使人陷入进退两难的心理困境。

第四，双趋避冲突。双趋避冲突又称双重正负冲突，指同时有两个目标，存在着两种选择，但两个目标各有所长、各有所短，使人难以抉择。例如，大学生身处学习氛围不浓的宿舍，有的大学生想认真学习，但又怕被周围人讥笑；想不理会他们，又怕影响人际关系。

3）个人挫折承受力差。挫折承受力是指个体在遭遇挫折时能够忍受和排解挫折的能力，也就是个体适应、应对挫折的一种能力。挫折承受力包括不同的方面，既包括对挫折的接纳、容忍、适应的能力，也包括对挫折的主动调整、转变、改善的能力。挫折承受力的大小往往直接决定个体是否经得起挫折的打击。挫折承受力强的人，面对挫折不仅能接受现实，而且能理智面对，积极调整，不会受太大的不良影响；而挫折承受力弱的人，遇到问题则手足无措，无法正确应对，缺乏调节能力，容易受到不良影响，甚至受到伤害，以致一蹶不振。

大学生的挫折承受力差异程度颇大，即使是同一个人，在不同时间、不同情况下，对不同挫折表现的承受力也会有所不同。由于生理因素、生活经历、个性特征、期望水平、认知因素、社会支持等多种因素的影响，部分大学生的挫折承受力较弱，对挫折的反应较为强烈。

**2. 心理挫折产生的基本条件**

心理挫折是个体在从事有目的的活动过程中，指向目标的行为受到阻碍或干扰，致使其动机不能实现，需要无法满足时所产生的情绪状态。它通常是在自我评价倾向性的推动下，根据社会期望、自我抱负水平对自我行为的过程和结果进行评价时产生的。心理挫折的产生往往依赖于以下条件。

（1）有行动动机和明确的行动目标。动机是推动个体去行动以达到一定目标的内在动力，如果没有一定的动机和目标，那么也就没有挫折。

（2）有满足动机和达到目标的手段或行动。个体遭受挫折是在其为满足一定的需要、实现预期目标而采取一定的手段或行动时产生的。没有满足需要和达到目标的手段与行动，即使目标再高远，动机再强烈，也不会产生真正的挫折感。

（3）有挫折情境。如果动机和目标能顺利获得满足和实现，那就无所谓挫折了。所以，挫折情境也是挫折产生的重要条件之一。如果实现目标的过程中受到阻碍，但通过改变行为，绕过阻碍达到目标，或阻碍虽不能克服但能及时改变目标与行动方向，也不会产生挫折。只有在实现目标的道路上受到切实的阻碍，并且不能逾越时才会形成挫折。例如，有的大学生一进入大学校园就为自己确立考研的目标，但由于各种原因考试没有成功，这就形成了他的挫折情境。如果这个大学生一开始只是把考研作为一种尝试，那么即使没有考上，也不会产生挫折。

（4）主体必须对挫折情境有知觉。个体在实现目标的行为受到阻碍而产生挫折时，必须对挫折情境有所知觉和认识。如果客观阻碍存在，但个体在主观上并无知觉，那么挫折也不会产生。

（5）主体必须有相关的紧张状态和情绪反应。个体在受挫后必然伴随着焦虑、恐惧、紧张、愤懑等情绪反应，如果没有这些情绪，也不会产生挫折。

**3. 心理挫折的影响因素**

心理挫折的影响因素有很多，以下是较为主要的方面。

（1）动机强度。挫折与一个人的需要、动机等因素有密切的关系。动机一旦产生之后便引导个体行为指向目标，但动机产生之后可能遭遇到的结果有四种：①动机无需特别努力即可达到目标；②动机的实现可能受到阻碍或延迟，但最终可以达到目标；③当一种动机正在进行之中，另一种较强大的动机出现，使个体放弃前一动机而选择后一动机；④动机行为受到干扰和阻碍，使个体因无法达到目标而感到挫折、沮丧、失意。从上述四种结果来看，只有第四种属于挫折。因而，需要越迫切、动机强度越高，受挫后的挫折感越强。

（2）自我期望值。人们对任何事物的自我期望与现实情况之间总是存在一定的差距，如果不从实际出发，只考虑主观愿望，人为拉大二者之间的关系，就很容易产生挫折感。可见，自我期望值影响挫折程度。自我期望值越高，挫折感越强烈。有的学生将生活中的不快乐、学业中的失利等都看作不应当发生的事件，对大学生活抱有非常高的期望，认为大学生活应当是圆满而理想的，因而缺乏足够的心理准备，一旦遭遇障碍，便会产生非常强烈的挫败感。

（3）个人抱负水平。抱负水平是一个人对自己所要达到目标规定的标准。规定的标准高，即抱负水平高；规定的标准低，即抱负水平低。抱负水平高的人比抱负水平低的人更易产生挫折感。

（4）个人容忍力。个人容忍力是人们遇到挫折时的适应能力。个人容忍力不同，人们对挫折感受的程度也不同。有的人遇到轻微的挫折就会意志消沉；有的人能遭受严重挫折而毫不灰心，这与个人容忍力密切相关。心理学认为，人对挫折的容忍力受到人的生理条件、健康状况、个性特征、过去挫折的社会经验、个体对挫折的主观判断、对挫折质量的思想准备等因素的影响。

### （二）大学生心理挫折的类别

#### 1. 专业挫折

长期以来，专业挫折一直是大学生心理挫折的一个主要类别。大学生在填报高考志愿时往往都不是非常了解自己将要学习的专业，有些学生的志愿根本就不是自己的意愿，而是父母、老师的意愿。进入大学后，很多大学生才发现自己并不喜欢所学的专业。尽管现在有些高校允许转专业，但改变专业不是随意就可以达成的，高校转专业的比例相当小，而且对有意转专业同学的成绩要求也比较高，所以对于学习成绩一般的大学生，转专业的愿望很难实现。一些大学生学习成绩差，对学习没有兴趣，其中一个重要原因就是对本专业充满抵触。部分大学生因没能就读自己理想的专业或就读于冷门专业而缺乏学习动力、情绪低落。

#### 2. 情感挫折

感情对每个人来说都十分重要，但大学生涉世未深，思想单纯并且承受能力有限，部分大学生把感情看得过重，对感情过于执着，极易受到伤害，受伤害后又承受不了挫折打击，结果就导致了苦闷、抑郁。此外，大学生与父母、长辈之间由于年龄不同，生活圈子不同，接触的事物各异，在思维方式、价值观念、行为方式和道德标准等方面存在较大的差异。这种差异如果任其越来越大，那么两代人之间就会出现代沟，即所谓的世代隔阂。代沟困扰大学生与亲人间的交流与沟通，导致青年大学生对亲人特别是父母产生偏见——轻则与亲人互不理解，重则对亲人抱有敌意，甚至以不满、顶撞、反抗、违法等方式试图摆脱亲人或社会的监管。另外，家庭的变故如亲人去世、父母离异或不睦等也易使大学生受到亲情挫折。

**3. 人际交往挫折**

很多大学新生从充满亲情和乡情的人际环境中来到大学，渴望与其他人建立联系，但不知道如何与来自五湖四海、语言不同、性格各异、习惯不同的同学和老师们交往。有的学生在人际交往中不善于处理人际矛盾，与同寝室同学关系很僵，也不善于与老师沟通，有时被老师误解，心情十分苦闷。有的学生面对大学复杂的人际环境不知所措，有的学生在人际交往中处处碰壁。有的学生在中学阶段是班干部、三好学生，存在一种心理优越感，但进入大学以后，在人才济济的大学生群体中不被同学、老师认可，因竞选干部失败、学习成绩不突出等问题导致心理失衡，感到孤独和失败，挫折感油然而生。

**4. 生活挫折**

大学生一般都远离家乡在校读书，当然他们并不是完全独立，主要的经济来源还是父母。但家庭条件窘迫的大学生就面临巨大的经济压力，并且经济贫困的大学生往往心理上也很“贫困”，成为社会关注的“双困生”。尽管社会、学校想方设法采取了一些措施，不让任何一位大学生因为经济困难而辍学，但是贫困大学生很容易因自卑而引发心理问题。另外，家庭中的重大变故、常见的心理疾病以及生理疾病等对学生的不良影响也不可低估，容易使学生产生挫折感和自卑感。

**5. 就业挫折**

大学阶段是个体步入社会前的一个重要转折时期，毕业后莘莘学子就要走上工作岗位。随着大学生择业与市场经济体制的接轨，自谋职业成为今天大学生们走入社会的主要模式。近年来高校扩招，“供大于求”的状况导致现代大学生的就业压力越来越大，就业形势非常严峻。很多大四毕业班的学生在就业的过程中体验到了就业挫折。

## 二、大学生心理挫折的行为反应

当大学生体验到挫折之后，总会产生一系列的行为反应。由于每位大学生的性格、修养、心理承受能力不同，因而遇到挫折后的行为反应也各不相同。不过，总体上可将大学生心理挫折的行为反应分为情绪性反应、理智性反应、生理性反应三种。

### （一）心理挫折的情绪性反应

情绪性反应是指人在遭受挫折时伴随着的强烈的紧张、愤怒、焦虑等情绪反应。它们可能仅仅表现为强烈的内心体验，也可以表现为特定的行为。它们一般是受到挫折的大学生下意识地、不自觉地表现出来的，也可能是有意识地、自觉地表现出来的。大学生心理挫折情绪性反应的表现形式一般有以下几种。

#### 1. 冷漠

冷漠是指大学生遭受挫折时，表现出无动于衷、漠不关心的态度，似乎没有喜怒哀乐的情绪，实际上情绪都隐藏在内心深处，没有外露出来。冷漠并非不包含愤怒的情绪成分，只是个体把愤怒暂时压抑，以间接的方式表现出来而已，这种情绪反应表面显得冷淡退让，内心深处则往往隐藏着很深的痛苦，是一种受压抑的情绪反应，这种反应一般出现在个人无力应对引起挫折的事件，又无适当的对象可以宣泄时。很多大学生都是如此，受到心理挫折以后，他们感到无力改变现状，于是逆来顺受，虽然对社会或他人有着强烈的不满，甚至有愤怒的情绪，内心深处也痛苦不堪，但会竭力压制自己的情绪，表面上显示出无所谓的样子，利用这种方式来表达自己的不满。冷漠会使大学生的性格受到压抑，严重影响大学生的健康成长。

**2. 退化**

退化是指大学生在受到挫折时表现出与自己的年龄和身份不相称的幼稚行为。本来个人的行为随着其自身的发展过程和年龄的不同有着各自不同的模式，如老年人的行为模式与孩子的行为模式就不相同。一个人随着年龄的增长和社会生活的影响，逐渐学会如何控制自己，在适当的时候和适当的场合做出适当的情绪反应和行为表现，这是长大成熟的表现。但是，当一个人遇到挫折时，可能会失去这种控制，以简单、幼稚的方式应付挫折，以求得他人的同情和照顾。退化便是一种由成熟向幼稚倒退的反常现象，而且其本人通常不能清醒地意识到这一现象。

**3. 反向**

反向是指大学生在遭受挫折后，行为相反于动机而行。例如，自卑的学生往往表现得高傲自大；部分学生对异性充满向往，却装出不屑一顾的样子等。持反向心理的人，往往不敢正面表露自己的真实动机，于是便从相反的方向表示出来。虽然这种行为可以在一定程度上掩饰个体的真实动机。但是掩饰包含着压抑，长期持反向心理会从根本上扭曲自我意识，使动机与行为脱节，造成心理问题。

**4. 攻击**

攻击是指大学生在遭受挫折后，伴随愤怒情绪，在行动上产生一种对相关人或物的攻击性的抵触反应，以消除来自挫折的痛苦。攻击是一种破坏性行为，这种行为可分为直接攻击和转向攻击。直接攻击是挫折产生后最直截了当的一种反应方式，具有直接的敌对性，它是指受挫者把愤怒的情绪直接发泄到构成挫折的人或物上，如大学里发生的打架、损害公物等现象，这主要发生在自控力较差的大学生身上。间接攻击是一种对构成挫折的人或物以外目标的攻击行为。间接攻击在生活中经常发生，当受挫者被对方的权威震慑，或碍于自己的身份，或无明显的攻击对象时，便会将还没有消失的不快情绪发泄到与挫折不相关的人或物身上。

**5. 固执**

固执是指当大学生多次遭受同样的挫折后，慢慢失去信心，失去随机应变的能力，采取刻板的方式盲目重复某种无效行为。有的大学生在受挫后根本无法听取别人的规劝和教育，执迷不悟地继续重复其错误行为，特别是在别人面前受到他人的批评、指责，或者自己的受挫心理被众人发现时，他们刚开始会感到万分屈辱，但不久，这种自尊心严重受挫感即转换为固执己见。例如，有的大学生受到教师的当众批评后，并没有从挫折中吸取教训，而是重复其错误行为，产生了强烈的逆反心理。因此，从本质上来看，固执不能解决任何困难，只能适得其反。

**6. 幻想**

幻想是指大学生企图以自己想象的虚幻情境来应付挫折，借以脱离现实，它其实是大学生在由自己想象所构成的梦一样的情境中寻求满足。偶尔幻想一下很正常，因为任何人都有幻想。幻想可以使人暂时摆脱现实，使情绪在挫折后获得缓冲。但是，幻想本身并不能解决实际问题，幻想之后必须面对现实、应对挫折。如果一味耽于幻想，脱离现实，则非但于事无补，而且在成为习惯之后将有碍于对心理挫折的处理。

上述这些情绪反应大多是大学生在遭受挫折打击后下意识地采取的反应方式，这些反应所带来的多是不良后果。因此，学校应该设立相关机构，采取有效措施，及时地给予学生正确的教育和引导，使学生在产生挫折感时能够客观、理智地思考问题，从而自觉地将情绪性反应转化为理智性反应。

### （二）心理挫折的理智性反应

理智性反应又称积极反应，是指大学生在遭受挫折后，不失常态，审时度势，采取积极进取的态度对待挫折，努力摆脱挫折情境。它的表现方式主要有以下几种。

**1. 坚持**

坚持是指大学生在受到挫折后，通过分析，发现自己追求的目标是现实可行的，因而要求自己加倍努力，即使暂时遭遇挫折，也克服各种困难，找出排除障碍的办法，毫不动摇地朝既定目标迈进，并最终实现目标。

**2. 调整**

调整是指当大学生一再遭遇挫折、达不到预定目标时，及时调整目标，变换方式，通过别的方法和途径实现目标，或者把原来制定的过高而不切实际的目标向下调整，改变行动方向，促使自己获得成功。这种对目标的重新审定和调整不是惧怕困难，而是实事求是的表现，同时也降低和避免了由于目标不当、难以达成而可能产生的挫折感和焦虑情绪。

**3. 表同**

表同是指大学生在现实生活中无法获得成功时，将自己比拟为某一成功者，借以在心里减弱挫折产生的痛苦；或者迎合能满足自己需要的人，按照他们的希望去支配自己的思想、行动，来冲淡自己的挫折感，并以此求得内心的满足。当一个人在没有获得成功而遭遇挫折时，将自己想象为某一成功者，效仿其优良品质和其获得成功的经验和方法，能够让自己的思想、目标和言行更适应环境和社会的要求，增强自信心，减少挫折感。例如，大学生受挫时常以一些历史名人、科学家、小说中的人物、教师甚至同学作为自己效仿的对象，建立自己心中的榜样，并依照榜样进行积极的自我激励与自我暗示，用以缓解心理挫折。

**4. 升华**

升华是指当大学生行为受挫或因个人某方面的缺陷而使目标无法实现时，用一种比较崇高的具有创造性和建设性的目标来代替，借以弥补因受挫而丧失的自尊与自信，减轻痛苦。升华是最积极的行为反应，从古至今都有非常典型的升华案例，例如仲尼厄而作《春秋》，左丘失明写《左传》，孙膑截膝修《兵法》，司马迁受辱著《史记》。所谓“失之东隅，收之桑榆”，对于大学生而言，完全可以将不为社会认可的动机和不良的情绪转移到有益的活动中去，将其转化为有利于社会并为他人认可的行为。

### （三）心理挫折的生理性反应

大学生遭受挫折后的生理反应是由应激情境导致的情绪变化而引起的。在强烈或持续的消极情绪作用下，人的神经、消化、内分泌等系统都会发生一系列反应。当应激情境不能消除，个体又无法及时有效地控制自己的情绪时，血液中的茶酚胺水平会持续升高，导致心跳过速、血压增高、耗氧量加大，神经系统和内分泌系统失调失控，使人食不知味、夜不能寐，健康严重受损。因此，在适当的时候，给予受到心理挫折的学生合理、有效的教育，对于学生的成长以及身心健康发展都十分有利。

## 第二节　大学生积极心理培育的组织系统

大学生作为社会未来的中坚力量，其心理健康状况直接影响着国家的未来发展。在现代社会中，大学生面临着越来越多的压力和挑战，因此，积极心理培育成了提升大学生心理健康水平的重要途径之一。为了有效地实施大学生积极心理培育，建立完善的组织系统是必不可少的。

### 一、构建体制机制

#### （一）政策支持与制度建设

政府在高等教育领域应制定相关政策，鼓励高校建立积极心理培育体系，明确相关指导原则。高校应建立健全相关制度，明确积极心理培育的目标、内容、方法，确保相关制度长期稳定实施。

#### （二）专业队伍建设

高校需要培养专业的心理辅导师队伍，他们应具备专业知识和丰富经验，能够为大学生提供有效的心理咨询和支持。此外，高校还需要加强师资培训，使更多的教职员工具备基本的心理健康知识。

### 二、优化资源保障

#### （一）资金投入

建立大学生积极心理培育的组织系统需要一定的资金投入，用于培训心理辅导师、开展心理健康宣传活动、购置心理测评工具等。政府应加大对高校心理健康工作的资金支持，确保这一体系能够顺利运转。

### （二）设施建设

高校应提供适当的场所，用于开展心理辅导、心理咨询和心理训练等活动。这些场所应具备安静、舒适的环境，为学生的情绪调节和心理成长提供物理空间。

## 三、实施路径

### （一）心理教育课程

高校可以设计和开设针对不同年级大学生的心理教育课程，内容应涵盖自我认知、情绪管理、压力应对等方面。高校可通过系统的课程安排，帮助大学生培养积极的心理素质。

### （二）心理咨询服务

高校和社会组织可以建立心理咨询中心，为大学生提供免费、随时的心理咨询服务。大学生可以在面临问题时寻求专业人士的建议和支持，及时化解困扰。

### （三）心理健康活动

高校可以定期举办各类心理健康活动，如讲座、工作坊、主题沙龙等。这些活动不仅能够增强大学生的心理健康意识，还为他们提供了交流与分享的机会。

### （四）心理测评

心理测评工具可以反映大学生的心理特点和问题，为他们提供个性化的心理发展建议。大学生可根据心理测评结果，发展个人优势和克服弱点，帮助自己更好地成长。

## 四、推进跨学科合作

大学生积极心理培育涉及多个学科领域，如心理学、教育学、社会学等。高校应鼓励不同领域的专家进行跨学科合作，共同探讨大学生心理健康问题，并提出综合性的解决方案。跨学科合作可以丰富培育体系的内涵，使之更加科学和有效。

## 五、促进社会参与

### （一）家庭支持

家庭是大学生心理健康的重要支持系统。高校可以开展家庭心理教育，帮助家长更好地理解大学生的心理需求，为他们提供适当的支持和指导。

### （二）企业合作

高校与企业可以合作开展心理健康培训，为大学生提供职业发展方面的支持。企业可以通过提供实习机会、就业指导等方式，帮助大学生更好地应对就业压力。

# 第三节　大学生抗挫折能力的培育

## 一、正确认识挫折

挫折具有普遍性，任何一个人在成长道路上都会遇到挫折。不过，挫折具有两面性，它一方面对人有消极的影响，如挫折会影响个体实现目标的积极性，降低个体的创造性思维水平，损害个体的身心健康；另一方面挫折也有积极的作用，如挫折能增强个体情绪反应的能力，增强个体的容忍力，提高个体对挫折的认识水平。因此，大学生应当辩证地看待挫折的两面性，在逆境面前树立积极进取的态度以及信心，变不利因素为有利因素，化消极因素为积极因素，促使挫折向积极方面转化。就挫折对大学生的积极作用来看，挫折能够激发大学生的进取精神，提高大学生的耐受力，磨砺大学生的意志。没有经历过挫折的学生，面对微小的失败也可能遭受重大打击，从此消沉下去。在挫折中不断奋起的人，往往会在压力中不断成长，磨炼自己的意志和毅力。

此外，培养大学生的抗挫折能力，还应当让他们改变一些不合理的观念，例如此事不该发生、以偏概全、无限夸大后果等观念。如果大学生能够改变这些不合理观念，实事求是地评价挫折带来的后果，从困难中看到希望，就很容易对抗挫折，让自己变得更强大。

## 二、适当“放开”挫折

挫折对人的刺激往往比较强烈，并伴随着心理、生理活动不同程度的参与，给人以深刻的印象，尤其是使人产生强烈情绪反应的挫折，更会令人感到时时被它纠缠。其实，挫折如果挫折已经发生，就不可能撤回，那就应当面对它，寻找解决的办法。如果挫折已经过去，那就应当“放开”它，不要总是让它停留在记忆里，更不要时时盯住它不放。需要注意的是，这里所说的“放开”挫折，并不是主张有了挫折就完全不去理会它，采取逃避的态度，而是说不要让自己的注意力长久地停留在痛苦的事情上。大学生遇到挫折时应当努力寻找突破口，适当“放开”挫折。

## 三、正确归因

正确归因指大学生要学会对造成挫折的原因进行实事求是的分析，弄清造成挫折的原因到底是外部的还是内部的，或是内外部两种因素相互交织、共同起作用。有的学生总是把自己学习上的失败归因于外在因素，如把考试失利归因于运气不好、没能猜中题目或埋怨教师的命题和评分，而不努力去克服困难和改变失败的处境。也有部分学生总是把失败归因于自身的能力、技能和努力的程度过低，因而抱怨自己，过多地责备自己。这两种习惯性归因都不可能找出造成挫折的真实原因，对战胜挫折毫无帮助。把所有失败归因于内部因素，会使人感到内疚和无助；把所有失败归因于外部因素，会令人产生愤怒与敌意。

正确归因是应对和解决挫折情境的必要基础。把失败结果一概归因于外部因素的人，很难对行为进行自我控制和自我调节，面对挫折会感到无能为力和束手无策，从而不能尽自己的最大努力去克服困难和改变失败的处境。但是，把失败结果统统归结于个人的努力不足，过多地责备自己，同样不能对自己的行为结果负起合理的责任，有效地改善挫折处境。对于经常遭受挫折，不加分析，便按照自己已有的固定模式进行片面归因的人，尤其应当注意要进行符合实情的、准确的归因。只有以积极的态度去冷静地分析遭受挫折的主客观原因，及时找出挫折的症结所在，才能从本人的实际条件出发，用切实的行动去改变挫折情境。

大学生面对挫折时，要学会正确归因。首先，学会多方面收集关于事件的信息，了解困难的原因所在；其次，避免归因的片面性，学会实事求是地承担责任，克服过分承担或完全推诿责任的倾向，避免过多自责带来的挫折感；最后，积极采取措施主动改变挫折情境，从而有效应对挫折。

## 四、运用积极的心理防御机制

心理防御机制是挫折发生后人在内部心理活动中所具备的有意或无意摆脱挫折造成的心理压力、减少精神痛苦、维护正常情绪、平衡心理的各种自我保护方式。受挫后的心理防御机制分为积极心理防御和消极心理防御。积极心理防御能暂时减轻痛苦与不安，对情绪起缓冲作用，还能用间接性或代替性的方式使个人的动机得到满足，化解原来的挫折。

大学生个人成长目标应随着现实自我的变化而作出必要的改变，尽管个人所掌握的防御机制是长期生活习得的，并能反映本人的性格特征，但对大学生来说，应注意在受到挫折时适当、适度地运用心理防御机制。尤其是要学习和善于使用积极、成熟的防御机制来应付可能面临的挫折情境，化防御机制为激励机制，既缓解内心冲突又调节行为，尽量克服消极防御机制带来的负面性，以获得心理平衡和自我结构的完善。

## 五、培养自身的良好人格品质

每个人对挫折的主观判断、个人的认识结构都会影响一个人对挫折情境的感知。因此，不同的人对相同的挫折情境所产生的主观心理压力也不尽相同。感知能力和反射性行为是个体行为上的第一道防线。它包括注意力转移、积极态度、心理容忍、良好的情绪反应及健全的个性。积极的态度可降低对不良刺激的感受，因为情绪是感知的屏幕，它可对不良刺激起到放大或缩小的作用。乐观自信能明显提高对挫折的耐受力，所以，为了提高挫折承受能力，每个人都应当主动培养自己良好的人格品质，改变那些不适应个人和社会发展的不良人格品质。

大学生要重点培养自身自信乐观、自强不息、宽容豁达、开拓创新等品质。自信才能乐观，乐观才能自信，两者相辅相成，当遇到挫折、困境时，如果相信自己一定能取胜，那就会积极地去改变现实、克服困难、战胜挫折，这是自信的作用。乐观者在面临挫折、困境时，不会被眼前的困难吓倒，而是能够透过表面的不利看到背后蕴藏的希望，从而信心十足地去克服困难。自强不息是良好的意志品质，是一切成功者的共同特征。生命不息、奋斗不止，通向成功的道路不是平坦的，只有坚强不屈、顽强拼搏，才能到达光辉的顶点。宽容豁达和开拓创新的人胸怀宽阔，对挫折不会被动适应、一味忍耐，而会面向未来，积极进取，勇于创造新生活。

## 六、掌握对抗挫折的有效方法

抗挫折能力差的大学生，一是很少受到挫折；二是欠缺应对挫折的方法。学校和辅导员（班主任），要针对不同的学生个体，耐心地对其进行教育和指导，教给他们一些对抗挫折的方法。大学生自己也应学习掌握对抗挫折的有效方法，学会变挫折为激励因素，从而减轻心理压力，提升抗挫折能力。以下就是常见的一些对抗挫折的方法。

### （一）调整目标法

当一种动机和行为由于自身条件或社会因素的限制，经过再三尝试仍不能达到目标时，就要调整目标或降低要求并改变行动方向，以减缓心理上的冲突，增强前进的勇气和信心，这样做也能扬长避短，积极进取。因此，高校教育者要积极引导学生进行自我反思、自我剖析，在实现目标的实践中找出以前目标中“理想我”与“现实我”的矛盾，树立新的符合自己实际的目标，以此提升自己应对挫折的能力。

#### （二）转移法

大学生在遭受到挫折、思想负担过重时，应想办法转移精神上的压力。比如，大声唱歌、呼喊、到户外散步、找好朋友倾诉、画画等。这些做法可有效转移注意力，缓解精神压力，以便寻找更好的应对挫折的办法。

#### （三）宽容法

大学生要正确认识自己，如果一味苛求自己，往往会加重精神压力，以至削弱抗挫折能力，造成自责、自罚的内疚心理。世上没有“常胜将军”，大学生应把受挫看作一种磨砺，增强忍耐力，遇到挫折要学会适当宽容自己。合理宽容自己是良好的自我修养艺术，是正确进行心理调适的方法。

#### （四）比较法

大学生应与周围同学进行横向比较，提高竞争意识；也要善于纵向比较自己的过去和现在，只要有进步，哪怕缓慢，也不要自卑和气馁。大学生要不断鼓励自己，在比较中看到自己的进步，同时正确认识自己的短处，并能和自己的短处和平相处，这样一来心理压力自然减轻，抗挫折能力也就增强了。

#### （五）群体活动法

这是指通过群体活动，采用“一帮一”等形式，将不同情况的大学生结成互帮对子，共同克服困难，增强其抗挫折能力。此外，大学生通过校运会等活动可以增强集体荣誉感，体会到自己也是集体中不可缺少的一员，有助于增强其信心，提升其抗挫折能力。

## 第四节　大学生心理韧性培养的提升路径

### 一、心理韧性的影响因素与测量评估

对心理韧性的研究始于 20 世纪七八十年代的美国。由于语言差

异，中文翻译存在一定分歧，译法除“心理韧性”之外，还有“心理弹性”“心理复原力”“抗逆力”“压弹力”等。汉语习惯用坚韧一词形容那些在逆境中百折不挠、坚强不屈的人，因此多数人倾向接受符合汉语表达习惯的“心理韧性”这种译法。心理韧性属于积极心理学研究的范畴，它与传统心理学所研究的意志坚韧性既有联系又有不同：两者都描述个体在面对困难和压力情境时的积极适应，但心理韧性相对重视灵活适应，而意志坚韧性则更强调矢志不移。心理韧性并不是少数人才拥有的天赋，而是人类生而有之的自我保护潜能。它在挫折和压力背景下自动发挥作用，促使个体调用各种保护性资源，对抗威胁，战胜挫折，维持身心向好的方向发展。

关于心理韧性的概念，可以分为三类。第一类是将心理韧性定义为个体内在稳定的人格特质或能力，具有这种特质的个体即使在危机或不利情境下仍能发挥出良好的应对策略。第二类是将心理韧性视为一种动态的、系统的适应性行为过程。例如，美国心理学会帮助中心提出，心理韧性是个体面对生活逆境、创伤、悲剧、威胁或其他生活重大压力时的良好适应过程，它意味着个体从困难经历中恢复过来。第三类强调心理韧性是个体在不利环境下适应和发展的结果。例如，有研究者认为，心理韧性就是个体在经历艰难和威胁的过程中逐渐发展出良好的适应能力的一类现象。

从上述三类界定中可以看出，心理韧性是一个包含多侧面、多维度的概念，兼具特质性、过程性、结果性、普遍性与差异性等诸多特点。结合多种观点，笔者认为，心理韧性就是个体在面对挫折情境时，充分利用各种内外部资源调节自己，以适应环境和发展自我的心理和行为过程。

心理韧性有两个核心：恢复和保持。第一个核心是恢复，指从压力性情境导致的负面情绪中恢复过来的能力，在应对紧急情境时非常重要。第二个核心是保持，即在持续的压力中保持良好心理健康的能力。保持能力在长期、慢性的压力性情境中非常关键。在这种情境下如果缺乏保持能力，就很容易陷入低落的情绪，引发心理问题。

### （一）心理韧性的影响因素

#### 1. 危险性因素

危险性因素是指阻碍个体的正常发展，促使个体向消极方向发展的生物、心理或环境方面的因素。例如，低智商、悲观态度、自卑、身体疾病、不良的教养方式和破裂的家庭等。

影响心理韧性的危险性因素不一定引发消极的发展结果，但这些因素会增加个体向消极发展的可能性。学者们研究处于高危情境下的人发现，一部分人仍然表现出很好的社会能力、积极的自我、较高的自我效能感。这种发现促使研究者开始寻找保护个体免受不利情境影响的因素，即与心理韧性有关的保护性因素。①

#### 2. 保护性因素

在心理韧性的形成及发展过程中，起关键作用的是各种内部和外部的保护性因素。一般而言，保护性因素是能与危险性因素相互作用、减轻不利情境对个体的消极影响的因素。它既可以是个体所具有的某些内在积极特质（如较强的自我效能感、对未来的乐观期望等），也可以是个体外部的某些环境因素（如融洽的家庭氛围、社会支持等），这些保护性因素在各种不利情境中（如自然灾害、长期战争、经济贫困、意外伤亡等），对人的适应都发挥着重要的作用。

在现实生活中，由于每个人拥有的保护性资源的质量和数量不同，每个人对相同或相似的不利情境的适应结果也不同。一个人拥有的保护性资源越多，面对危险性因素时所受的消极影响就会越小。

### （二）心理韧性的测量与评估

心理韧性是可以被测量与评估的。研究者已经开发出多样化的测量和评估心理韧性的方法。心理量表评定法就是以心理韧性量表为工具进行评估的方法，由于其易实施、效率高，因而被广泛采

① 李婷婷，2019．积极心理学视角下的大学生心理问题探析［M］．北京：中国书籍出版社．

用，是目前临床和高校心理健康工作者首选的评估方式。以下就是当前应用较为广泛的心理韧性量表。

**1. 万格尼德-杨心理韧性量表**

万格尼德和杨1993年以社区中丧偶但适应良好的24个老年妇女为被试，采用定性研究的方法编制了心理韧性量表。该量表是最早和应用最为广泛的心理韧性测量工具，共包含25个条目，分为个人能力（17个条目）、对自我与生活的接纳（8个条目）两个方面，以及有意义的生活、坚持性、自恃性、自在感和沉着冷静五个特征要素。其中，有意义的生活最为重要，是其他几个要素的基础。量表为7点记分，从“不同意（1分）”到“同意（7分）”，总分25～175，得分越高代表心理韧性水平越高。该量表通过个体所拥有的内在保护性因素来测量其整体心理韧性。它最初主要用于成人研究，但随后很多研究证明该量表适用于所有年龄和种族。

**2. 康纳-戴维森心理韧性量表**

康纳和戴维森发布的心理韧性量表同样包含25个条目，涉及能力、忍受消极情感、接受变化、控制感和精神影响5个维度，重点测量个体在不利环境下所表现出的积极心理品质。该量表一经发表便显示出强大的影响力，被翻译成多种文字在多个国家和地区得到运用、检验和修订。我国于晓楠和张建对康纳-戴维森心理韧性量表进行了修订，将其维度划分为3个，即坚韧、力量和乐观。其中，坚韧分量表由13个条目构成，反映个体在镇定、灵敏和持久性方面的特点以及面对困境和挑战时的控制力；力量分量表由8个条目构成，集中体现个体在经历创伤之后恢复并变得更为坚强的能力；乐观分量表由4个条目构成，反映个人看待事物的积极态度以及对个体和社会力量的信任。目前，该中文修订版量表已在国内得到广泛应用。

**3. 成人心理韧性量表**

弗瑞伯格等编制了成人心理韧性量表，用于测量成人在不利情境下维持心理健康和良好适应所具备的保护性因素。成人心理韧性量表由37个条目组成，包含个体能力、社会能力、家庭凝聚、社会支持和计划风格5个因子。其中，个体能力测量个体的自尊、自我效能感、自我悦纳、希望感、对生活的坚定现实取向；社会能力包括个体的外倾性、社会适应、愉快情绪、创新能力以及处理社会事件的沟通技巧和灵活性；家庭凝聚反映家庭成员之间的相互冲突、合作、忠诚、支持和稳定的关系状况；社会支持测量个体获得支持、提供支持和亲密程度3个方面的内容；计划风格反映个体遵守常规以及对生活和工作的计划、组织能力。个体能力、社会能力和计划风格3个因子可以合并为个人能力的维度，测量个体内在的心理品质；家庭凝聚体现了家庭对个体的支持；社会支持则是指家庭以外的支持。后来，弗瑞伯格等对这一量表进行了修订，增加了3个项目，经过信效度分析之后又删除了7个项目，形成了一个包含33个项目的量表，采用5级评分。修订版的量表中，个人能力维度被分成了自我感知和未来感知两个维度，个别维度名称也进行了微调，形成了自我感知、未来感知、组织风格、社会能力、家庭凝聚和社会资源6个维度。修订后的量表具有更好的信效度水平。

## 二、大学生心理韧性的提升方法

对于大学生而言，提升心理韧性水平可以采取以下策略。

### （一）唤醒学生的危机意识

困境具有促进自我成长的作用，因而困境于人们而言具有某种意义上的亲和感。从当前大学生的成长过程来看，很多大学生都经不起风雨。鉴于此，教育者有必要重新唤醒他们对困境的亲和感，使危机意识成为大学生的良师益友。唤醒大学生的危机意识需要注意以下方面。

**1. 量力而行**

在向大学生引入危机意识之前，必须充分考虑大学生的认知能力、心理承受能力以及循序渐进的重要性，这些困境既不能太极端，以免大学生杞人忧天；也不能无关痛痒，不然就无法引起他们的重视。在向大学生描述他们可能遇到的困境之后，应给他们介绍可以解决困境的办法，以免他们产生不必要的恐慌。

**2. 悦纳困境**

要让大学生认识到困境的必然性，坦然接受自己的不足，对困境进行心理意义上的转化，并在此基础上树立面对困境、接受困境的信念，但不要自我放弃。悦纳困境是大学生培养自己品性、锻炼自己意志、提升自己能力，为将来作准备的机会。

**3. 重视榜样的力量**

卓越人才饱经忧患和磨难成长的案例屡见不鲜；前辈英烈为新中国的建立和发展艰苦奋斗，甚至献出生命的事迹不胜枚举。这些都可成为大学生居安思危和激励自我的活态教材，启发他们认识和掌握事物曲折前进的发展规律。

### （二）让学生经历压力与挫折

有意识地让大学生经历一些挫折，有助于他们建立心理免疫系统，从而增强他们的心理承受力，提升其心理韧性。正如生理免疫系统可以帮助受到细菌或病毒感染的个体恢复健康一样，心理免疫系统也可以起到类似的心理防护作用。在能够恢复的范围内经历一些失败，感受到一定程度的心理压力，可以帮助大学生形成应对挫折的勇气和克服困难的信心。将来再遇到挫折时，他们才不至于惊慌失措，不堪一击。需要注意的是，挫折教育中让大学生经历的压力和挫折应当适度，不能超出他们的承受能力范围。另外，挫折教育作为一种教育方式，需要遵循教育的原则和策略，要能使大学生真正从挫折中受到教育，获得心理成长，而不应流于形式。

### （三）通过拓展训练提高自我效能感

自我效能感是心理韧性的一个重要保护性因素。所以，创造各种条件，鼓励大学生积极参加社会实践活动，展现自身才能，获得成功体验，提升他们的自我效能感是非常有效的提升其心理韧性的方法。当然，如果想在短期内提高自我效能感，可以通过适当的拓展训练来实现。

例如，以“我是（I am）、我有（I have）、我能（I can）”为主题的拓展训练。其中，“我是”帮助个体认识自身的内在力量，包含个体感觉、态度和信念；“我有”帮助个体发现自己拥有的外部支持与资源，体验到安全感和受保护的感觉；“我能”帮助个体了解和发展人际关系的技巧和解决问题的能力，如创造力、恒心、幽默感、沟通能力等。

### （四）进行积极应对方式的干预训练

积极的应对方式也是大学生心理韧性发展的一个保护性因素。应对方式的干预训练能帮助大学生纠正以往消极、不恰当、非建设性的应对方式，形成积极且富有建设性的行为模式，并逐渐内化成为其稳定的心理品质。

应对方式的干预训练通常包含认知重建、情绪管理、行为应对、个体和社会应对资源开发5个主题。认知重建训练帮助大学生了解压力，改变其不合理的认知观念，集思广益，寻找减压的有效方法。情绪管理训练通过梳理个人过往经历，理解情绪和认知的关系，通过调整情绪来改变自己的不良适应，减少负面情绪的影响。行为应对训练帮助大学生掌握积极有效的行为应对方式。个体应对资源开发训练协助大学生发掘自身优点，提高其处理问题的自信心，探索个人的应对资源。社会应对资源开发训练帮助大学生学会求助，拓展个人的社会支持系统。

### （五）扩大社会支持网络

人们通常把来自家庭、学校以及社会的支持力量统称为社会支持网络。对大学生而言，社会支持网络主要包括父母、亲友、学校教师和社会团体及其所提供的工具支持、信息支持、情感支持与陪伴支持。积极而稳定的社会支持一方面为个体内在积极品质的形成提供了有利条件，另一方面能够在挫折和压力处境下为个体提供心理保护和安全感。尤其是在人生重大转折关头，如升学、就业、患病或意外事件发生的时候，面对沉重的压力，家庭成员、同学和教师的陪伴、理解、支持和鼓励会成为重要的支撑力量，为大学生带来克服困难的勇气。因此，大学生要增强与亲友的沟通，并不断扩大自己的交友范围，从而获得更多心理支持，增强自己在逆境中的“续航能力”。

# 第五章

# 大学生积极心理品质培育与积极心理健康教育

大学生积极心理健康教育的核心任务之一是培养大学生的积极心理品质。这就要求确定大学生积极心理品质的结构和内容，开发科学、有效的测评工具，为开展大学生积极心理品质发展规律和积极心理健康教育效果评价等一系列科学研究奠定基础。本章重点探讨大学生积极心理健康教育、大学生心理健康课程与积极心理品质培育、大学生心理健康教育中积极心理学的启示。

## 第一节　大学生积极心理健康教育

大学生是走在新技术、新思想前沿的群体，是国家培养的高级专业人才，代表着先进的流行文化。大学生是年轻有活力的一代，是推动社会进步的栋梁之材。因此，确保大学生身心健康、快乐发展以及生活幸福意义重大。

中华人民共和国教育部办公厅印发的《普通高等学校学生心理健康教育课程教学基本要求》指出，加强和改进大学生心理健康教育是全面落实教育规划纲要、促进学生健康成长、培养造就高级专门人才的重要途径，是全面贯彻党的教育方针、建设人力资源强国的重要举措，是全面提高高等教育质量、加强和改进大学生思想政治教育的重要任务。各高校要根据学生心理健康教育的需要，结合本校实际，制定科学、系统的教学大纲，组织实施相应的教育教学活动，保证学生在校期间普遍接受心理健康课程教育。相关政策的要求有效推动了大学心理健康教育迈上新台阶，取得新成效。

注重预防和发展的积极心理健康教育的产生，为大学生心理健康教育的开展提供了新的思路和视角。积极心理健康教育主张固本培元、厚德载物、刚健有为、自强不息、标本兼治。积极心理健康教育创始人孟万金教授带领课题组已经建成全国师生积极心理品质数据库，研究并发表了大学生积极心理品质量表，同时，还开发了基于网络和多媒体系统的大学“幸福课”课程资源，为大学积极心理健康教育提供了科学指南、操作方案和行动抓手。目前，大学采用心理拓展训练、团体辅导训练、大学生朋辈辅导和教育分层干预等方法开展积极心理健康教育，均已取得了良好的效果。由此可见，在大学生群体中实施积极心理健康教育既是必要的也是完全可行的。

## 一、大学生积极心理品质测评工具与积极心理健康教育内容

### （一）大学生积极心理品质的测评工具

大学生积极心理品质测评工具的开发是开展相关研究的前提，也是科学培养大学生积极心理品质的基础。孟万金教授课题组根据积极心理健康教育的基本理论，科学建立了大学生积极心理品质的多维结构，并在此基础上开发出科学性强、实用性强的测量工具——中国大学生积极心理品质量表，该量表开创了国内该领域科学研究的先例，奠定了一系列相关研究的科学基础。

中国大学生积极心理品质量表具有良好的信度和效度，为大学生积极心理品质的大规模测评提供了有效的工具，为推进高校心理健康教育朝积极方向转型、进一步提升大学生心理健康教育的预防性和发展性功能提供了科学依据。该量表填补了我国大学生积极心理健康教育研究的空白，为大学生积极心理健康教育创造了必要条件。此外，学界对于大学生积极心理品质的培养已有一定探讨，目前我国大学生积极心理品质培养的研究已经逐渐细化，针对性逐渐

增强，对大学生心理健康教育的发展起到了积极的推动作用。

### （二）大学生积极心理健康教育的内容

在开发大学生积极心理品质测评工具的基础上，研究者对大学生积极心理健康教育的内容、方法和模式的探索也在进行。大学生积极心理健康教育在内容上主要围绕积极认识与接纳自我、建立良好的人际关系、获得自尊与自我独立、保持自我和谐、增强意志力和自控力等核心积极心理品质的培养展开；在方法上主要将认知训练和情感熏陶相结合，既让大学生认同积极心理品质的重要作用，又能在学校营造的良好氛围中形成积极的心理品质。

## 二、大学生积极心理健康教育的发展策略

### （一）加强大学生积极心理健康教育课程建设

课程是积极心理健康教育的载体，科学、系统的课程将有效提升大学生积极心理健康教育的效率和质量。从目前的研究和实践来看，大学生积极心理健康教育还比较缺乏系统课程，不同高校开展的积极心理健康教育的内容和形式多样、区别较大，对大学生积极心理品质的培养各有侧重。因此，需要尽快开发一套符合大学生身心发展特征和需求的课程，以提升大学生积极心理健康教育的科学性和规范性。

### （二）通过网络监测大学生积极心理健康状况

随着科学技术的进步，互联网已经成为大学生日常生活中不可或缺的媒介和工具。利用网络平台，充分发挥技术的优势，能够有效提高大学生积极心理品质培养效率。高校心理健康教育工作者可以利用互联网平等、隐蔽、快捷、实时、互动的特点，通过网上心理解析、咨询、测验、诊断、治疗等方式促进大学生积极心理品质的发展，为大学生提供积极心理健康教育辅导与咨询服务。微信作为一种社交软件，因其鲜明的特点而深受大学生的喜爱。例如，微信的开放性和平等性有助于大学生开展社交，隐秘性有利于大学生自由表达，附加功能有助于大学生分享生活。积极心理健康教育工作者要充分利用微信的优势，及时掌握大学生的心理动态，丰富大

学生的心理健康知识，畅通心理问题服务渠道，加强朋辈之间的沟通和情绪排解，以提高大学生心理健康教育的及时性和有效性。

### （三）将辅导员作为积极心理健康教育的对象

高校辅导员在大学生的学习和生活中扮演着重要的角色，是沟通学校、家庭、学生的“桥梁”。高校辅导员是高校中非常重要的群体之一，他们虽然不是专业教师，但与大学生有着频繁的互动和接触，也承担着密切关注大学生心理健康状况、及时发现并解决相关问题的重要职责。因此，高校在开展积极心理健康教育时，应当将辅导员群体作为对象之一，让他们了解积极心理健康教育的相关理念和内容，在不断提升自身积极心理品质的同时，更好地配合学校开展相关积极心理健康教育，使大学生真正受益。

## 三、大学生积极心理健康教育的实践分析

### （一）大学生积极心理健康教育实践分类

从整体上而言，大学生积极心理健康教育的实践主要分为开展积极心理健康教育相关培训和会议研讨以及开展积极心理健康教育活动两方面。

#### 1. 开展积极心理健康教育相关培训和会议研讨

开展积极心理健康教育相关培训是促进大学生积极心理健康教育发展的基础和重要途径。在积极心理健康教育被正式提出并开始在大学生群体中应用后，我国各个高校及心理学研究机构等专业组织多次邀请积极心理健康教育专家开展有关讲座和培训。积极心理健康教育已经迅速发展为具有中国特色的大学生心理健康教育，引领了我国大学生心理健康教育的发展方向。

#### 2. 开展积极心理健康教育活动

在各类讲座、培训和研讨会不断召开的同时，各高校的积极心理健康教育活动也不断涌现出来。例如，北京航空航天大学以团体心理辅导活动为抓手，进行了高校积极心理健康教育模式的探索。北京航空航天大学团体心理辅导团队认为开展团体心理辅导可以在更广泛的层面上讨论和解决大学生成长中面临的问题，可以帮助大

学生认识到成长中的问题具有一定的共性，并且意识到这些问题是大学生成长中必然会遇到的课题。从实际情况来看，团体心理辅导是非常受大学生欢迎的一种积极心理健康教育方式，它对大学生宿舍人际关系、学习压力、情绪管理、恋爱婚姻、自我成长等内容进行培训辅导，能有效增强大学生个体的安全感、喜悦感、归属感、认同感、价值感，提高大学生的自尊心、自信心。

大学生可以在团体心理辅导过程中找到新的解决问题的办法，充分挖掘自身解决问题的潜能。此外，各高校还开展了各种各样的活动，如新生军训、大学生电影节、体育活动等，组织了心理社团、艺术团，利用相关心理咨询网站开展心理咨询服务等。这些都为大学生积极心理健康教育作出了贡献，帮助大学生减轻了心理压力并获得了积极发展的力量。值得一提的是，以贫困大学生心理援助为目标的积极心理健康教育同样得到了教育者们的关注。在积极心理健康教育理念的指导下，学校通过营造积极的校园氛围、开展丰富多彩的校园活动、激发学生主动性、帮助学生建立积极信念和提高学生心理弹性等措施，有效地帮助贫困大学生摆脱了不良的心理困扰，使他们能够更好地适应大学阶段的学习和生活。

整体而言，大学生积极心理健康教育的相关实践丰富而全面，不断展现出积极心理健康教育对大学生心理健康发展的积极作用，体现了高校对积极心理健康教育的高度认可。

### （二）大学生积极心理健康教育实践活动

#### 1. 大学生团体心理拓展训练

大学生团体心理拓展训练以北京航空航天大学的相关举措为例进行探讨。北京航空航天大学自建立大学生积极心理健康教育的心理拓展训练平台以来，尝试通过激发大学生内在的积极品质，拓宽大学生心理健康教育的途径，提高大学生心理健康教育的效率。

心理拓展训练是一种体验式学习的方式，它是借助教育学、心理学、组织行为学等相关学科的研究成果，针对社会需求和学生身心特点设计出来的一种体验式的培训活动方案。它旨在通过提供模拟情境或自然环境，让学生体验精心设计的活动项目，接受发掘个人潜力和团队凝聚力的训练，然后经过回顾反思和交流分享，加深学生对自我和团队合作的认识与领悟，并将活动中的认知和积极体验迁移到生活中去。在心理拓展训练中，参与学生既是被训练者也是训练者，他们能在接受训练的同时认识自己和了解他人，特别是接受自己身上所具有的那些过去不敢确认的优势，从而在完善自身心理品质的同时主动纠正自己的心理偏差，达到互相训练、互相学习、共同提高的目的。

大学生团体心理拓展训练通过一系列的活动，营造快乐、活跃的现场气氛，在短时间内调动学生的积极性和参与性，帮助学生获得直接经验并将之迁移到未来的生活中。这些恰好是积极心理健康教育所强调的原则，即激扬生命、播洒阳光雨露，开发潜能、增强心理免疫力，学会应对、提高生活学习效能，扬长避短、发挥多元智能优势等。从心理拓展训练的开展情况来看，心理拓展训练相对于传统心理健康教育和其他训练而言，还具备刺激与新颖性、挑战与参与性、竞争与合作性、鼓励与包容性。

（1）训练的对象。北京航空航天大学心理拓展训练的对象包括学生和辅导员两大群体。针对学生，学校会根据不同年级学生的特点和需求，开展不同主题的心理拓展训练，强化学生的团队合作与竞争意识，开发学生的不同潜能。例如，为一年级学生举办“Freshman新生起跑计划”与“释放激情·超越自我”活动；为二年级和三年级学生举办“凝聚·合作·发展”活动；为毕业生举办“放飞梦想·融入社会”活动。此外，学校还为学生团校成员举办“挑战自我·开发潜能”活动，为经济困难生举办“认识自我·重树自信”活动，为暑期参加社会实践的学生举办“我行、我能、我尝试”活动。这些活动旨在让学生了解自己，充分利用积极心理健康服务资源，充分体验开放分享、快乐学习的魅力，增强团队精神和协作意识，增进彼此了解，建立人际信任，融入群体和社会。

为了充分发挥辅导员在大学生积极心理健康教育中的主力军作用，学校举办了3期辅导员心理素质拓展训练专题培训，希望接受培训的辅导员将心理拓展训练的精神、技能运用于对学生的日常管理中，激发学生的热情，向学生传递快乐，帮助学生走向成功。

（2）训练的内容。根据大学生的心理和生理特点，学校设计了“信任背摔”“模拟电网”“雷震图”“七巧板”“孤岛求生”“穿越沼泽”“盲人方阵”“步步高”“曲折桥”“速滑杆”“毕业墙”等20多个心理拓展训练项目，加强对大学生的心理拓展训练，开发学生不同的心理潜能。

（3）训练的过程。心理拓展训练包括以下步骤。

1）热身活动。心理拓展训练开始前，训练师一般先要组织热身活动，营造氛围，建立团队关系，缩短参与者之间的心理距离。训练师会让松散的参与学生围成一个圈，向参与学生介绍有关情况，然后组织一些趣味性活动，既有热身的作用，也能达到调动学生参与热情的目的，使参与学生充满激情，期待后续的训练活动，并逐步熟悉环境，进入训练状态。例如，训练开始时，训练师会要求参与学生进行自我介绍，并以最能给他人留下深刻印象的内容为介绍重点，同时要彼此问好。之后，训练师会根据排队顺序的单双号，将学生分成两组。每个小组要选出自己的队长，大家共同为自己的小组起一个响亮的名字和口号等。通过热身，小组成员会忘掉训练之外的事并完全融入训练中，从一个个松散的个体集结成凝聚力很强的团队。

2）强调安全注意事项。安全是心理拓展训练成功的必要条件。参与学生彼此认识并熟悉训练环境后，训练师会与参与学生就参与的期望等问题进行讨论，然后开始进行实地心理拓展训练。但是，在真正的心理拓展训练开始前，训练师一定要强调安全注意事项，要求参与学生必须保证身体状况良好、穿戴合适、热身到位、动作规范、勿私自乱动器材、一切活动听指挥等，确保每个学生的安全，杜绝意外伤害事件发生。

3）循序渐进提升难度。实地心理拓展训练的主题可以根据学生特点、活动场地、人员数量等具体情况而定，但都需从简单到复杂、从低难度向高难度过渡，科学地增大活动难度和挑战性，使参与学生在挑战中获得自信心，获得更强的情感体验和认知冲击。

4）记录与总结。训练师在训练过程中，要事先制订计划并安排时间，为参与学生所在的团队做一份详细的活动记录，以便总结时的点评信息准确、具有针对性。活动记录主要包括活动计划、预期目标、实际进程、个人表现和每个项目完成后的现场小结等。每个训练项目结束后，一般都要有小结与分享。训练师与参与学生之间、学生与学生之间不同程度的自我反思和信息反馈非常重要。训练师的导引式总结可以加深参与学生对自己的认识和对他人的了解，有利于参与者之间建立深厚持久的友谊，同时有助于参与者将成功的经验迁移到生活中，并逐渐养成良好的行为习惯。

（4）取得的成效。心理拓展训练取得的成效具体包括：①学生的自我认识变得更加全面，认识到每个人都有优势和劣势。②学生的团队合作意识与人际沟通能力明显加强。心理拓展训练是一种能有效培养大学生群体意识和团队精神的方法，能提高参与学生的语言表达能力和沟通技巧，促进他们相互了解彼此，有助于他们建立对彼此的信任。③学生的压力和情绪管理能力得到提升。任何人在面临问题情境时，都会有一定的压力，产生正常或过激的身心反应。心理拓展训练可以提升学生的压力与情绪管理能力。④学生的潜能得到最大限度的发挥。心理拓展训练有目的地为学生设置了一些困难，让学生在经历困难后发现自己还有许多以前未认识到的潜能。

**2. 大学生积极心理健康教育活动创新**

大学生积极心理健康教育活动创新以东北农业大学为例进行探讨，以下内容均为东北农业大学在积极心理健康教育活动中的创新做法。

（1）转变思路，更新理念，探索构建以“阳光心理进班级”为主题的积极心理健康教育新模式。传统的心理健康教育基本采取以诊断式和治疗式为主的模式，往往更注重学生心理问题的缓解和心理疾病的治疗。这种从问题入手只针对少数存在心理问题学生的心理健康教育模式极大地制约了教育效用的发挥。如何让更多的学生了解心理健康知识、关注自身心理素质的提升，进而促进其全面发展是摆在高校心理健康教育工作者面前亟待解决的问题。班级是大学生的基本组织形式，同时又是大学生自我教育、自我管理、自我服务的主要组织载体，从班级入手开展教育活动能辐射到全体同学。于是学校尝试运用积极心理健康教育的理念，开始在全体学生中开展“阳光心理进班级”主题教育活动，通过系列教育活动充分挖掘学生的潜能，培养学生的积极心理品质，提升学生的心理素质，促进学生的人格健全发展，提高学生的学习和生活质量，增强学生的主观幸福感，为学生的幸福人生奠基。

（2）统筹规划，精心设计，有序开展“阳光心理进班级”主题教育活动。为了有效推进“阳光心理进班级”主题教育活动，学校坚持“四步走”的工作思路。

1）了解并掌握学校全体学生的心理健康动态。东北农业大学为全体学生建立了动态的心理健康档案。学校会进行新生心理健康普查，以学院和班级为单位建立新生心理档案，在每学期初对全体学生进行心理危机排查，并对大四学生进行毕业生心理危机预警排查。同时，为了能够更全面地动态跟踪和掌握全体学生四年的心理健康状况，学校专职和兼职心理健康教师还实施了约谈“特殊”学生计划，教师会主动与所负责学院和班级可能出现心理问题的学生进行谈话，及时关注这些学生的心理状况并帮助他们解决心理问题。

2）扎实开展积极心理健康教育培训工作。学校一直非常重视心理健康教育的学生骨干队伍建设，为满足开展积极心理健康教育工作的需要，学校为每个班级设置了一名心理委员并对全体心理委员进行了集中培训。为进一步增强培训效果、提高心理委员的业务水平和素质，学校还将班级心理委员培训纳入本科教育课程体系，在每年秋季学期，通过朋辈辅导，运用“分享·体验·内化”课堂教学模式开展心理委员培训。当前，已经有超过千名心理委员接受了培训，培训内容主要包括班级心理委员的职责和素质、心理健康的基本知识、大学生常见心理问题的诊断、朋辈心理辅导与心理咨询操作技术等。为进一步丰富培训内容，学校还会针对学生目前所共同关注的心理成长问题，邀请校内外心理健康教育专家为学校心理健康教育学生骨干开办心理健康系列讲座，然后再由学生骨干将讲座的相关知识内容传递给更多的学生。

3）整体推进“阳光心态，助力成长”主题班会活动。为了更好地发挥心理委员的作用，学校尝试在个别学院的班级中开展以心理健康教育为主题的班会。班会受到参与学生的一致认可和好评，很多学生都反映这是难忘的、有意义的班会。学校将以班级心理委员为主导的朋辈辅导模式固定下来并进一步细化活动方案，面向全校大一学生班级开展历时一个月的“阳光心态，助力成长”主题班会活动。主题班会活动分为前期筹备阶段、活动开展阶段、活动总结阶段和成果展示阶段。

在前期筹备阶段，由心理健康教育中心教师对班级心理委员进行前期培训，明确心理健康教育主题班会的目的、要求和意义。各学院辅导员面向学院学生开展积极的宣传动员工作。在活动开展阶段，各学院由辅导员统一牵头，由班级心理委员结合本班级实际开展心理健康教育主题班会。学生们采用多种方式来开展主题班会，如自编自演心理情景剧，组织心理知识竞答、心理游戏、心理测试，学习由学校心理健康教育中心编制的《新生心理健康手册》，介绍大学生常见的心理问题案例，开展心理健康主题辩论会，开设心理沙龙和观看心理主题电影等。主题班会的内容也十分丰富，涉及新生适应、心理保健、人际关系、自信心、情绪调节、人生目标等。

此外，主题班会还设置了梦想征集环节，学生将自己大学四年的规划写下来，统一装进以班级为单位制作的梦想集装箱中，留至大四毕业时重新打开阅读。这一环节旨在引导学生树立人生梦想、对大学生活进行规划并激发其完成目标的热情。在活动总结阶段，由学院组织本院班级心理委员用演示文稿软件（PPT）并结合活动视频或照片来介绍本班开展主题班会的内容和收获，分享活动感受。之后，由学院推荐优秀班级参加全校的主题班会成果汇报。在成果展示阶段，由心理健康教育中心组织全校班级心理委员观看各个学院推选出来的优秀班会活动成果汇报，并进行评比。

4）广泛开展内容丰富和形式多样的心理健康教育活动。为了进一步充实“阳光心理进班级”主题教育活动，学校每年都会在秋季学期和春季学期分别开展相关的大学生心理健康活动月系列活动。这些心理健康教育活动主要包括：校园心理情景剧、心理知识图片展、心理沙盘游戏、心理知识有奖竞猜、心理涂鸦比赛、写给未来自己的一封信、户外拓展游戏、心理主题电影展映，以及为学生的烦恼及心理困惑提供宣泄场所和互动平台的“说出你的烦恼”活动等。

（3）注重创新，打造特色，积极心理健康教育取得了新成效。东北农业大学的积极心理健康教育创新活动成效突出。首先，大学生积极心理健康教育的创新实现了心理普查和心理危机排查的制度化，建立健全了新生心理普查制度和心理危机排查制度。其次，实现了心理健康教育学生骨干培训的学分化，充分调动了心理委员的积极性和主动性，进而更有效促进了班级心理建设。再次，实现了积极心理健康教育活动参与的全员化和形式的多样化，不仅将心理健康意识传递到了每一个班级，掀起了关注心理健康的热潮，更增强了班级凝聚力，推动了和谐班级建设。最后，提升了在校大学生的积极心理品质，为更多的学生提供了激发潜能、展示自我的平台和空间。[①]

## 第二节　大学生心理健康课程与积极心理品质培育

积极心理品质是通过每个人个体的认知、情感和行为所反映出来的积极的人格特质，也可以称为性格优点。个体所具有的积极的心理品质在种类、数量和程度上存在差异性，有的人具备的积极心理品质多些，程度高些，而有的人则少一些，程度低些。虽然积极

① 孟万金，2017. 积极心理健康教育在中国［M］. 北京：教育科学出版社.

心理品质作为人格特质具有一定的稳定性，但同时积极心理品质也具有可塑性，相较成年人，学生积极心理品质的可塑性更强。

大学生心理健康课程是根据大学生身心发展的规律和需求，有目的、有计划地对大学生的心理素质的各个方面进行教育与引导，促进大学生全面健康发展，有效适应学校和社会生活的课程。该课程主要包括情绪管理、人际沟通等与学生学习生活相贴近的内容。目前各高校主要以必修课或必选课的形式，采取大班授课手段，开展大学生心理健康教育。

## 一、心理健康课程对培育大学生积极心理品质的作用

首先，心理健康课程可以帮助大学生改变消极的不合理的认知。认知是人获取外界信息、感受外界事物的过程，包括感觉、知觉和思维等。认知是人最基本的心理过程。人脑接收信息并进行加工，转换成内在心理活动，并支配行为。大学生日常表现得不自信、焦虑等消极情绪和行为，大部分是因为对自身或事件有不合理的认知。通过课程教学，教师可以帮助学生了解哪些是认知，如何识别不合理的认知，从而改变大学生不合理的消极认知，改善其情绪体验，培育其积极心理品质，改变其行为方式。

其次，心理健康课程可以帮助大学生体验积极的情绪情感。心理健康课程教学要改变传统的讲授模式，增加体验式教学环节，有针对性地设计情境，让学生在实践互动中去体验各种情绪情感，帮助学生自信自强，培育积极心理品质。

最后，心理健康课程可以帮助大学生培养积极行为方式。心理健康课程教学要理论与实践相结合，增加心理实训的环节，让学生在团体活动中实践人际沟通的技巧，体验团队协作，增强学习生活的积极体验，在实践中改变行为模式，培育积极心理品质。

## 二、心理健康课程培育大学生积极心理品质的途径

### （一）扩大教学目标

从积极心理学的角度，要培育大学生积极心理品质，高校心理

健康课程要转换教学目标。一是转换目标人群，由以前针对少部分有心理问题学生的心理健康课程教学，转换成面向全体大学生的心理健康课程教学；二是扩大价值目标，把心理健康课程的目标由单纯预防心理问题的发生，扩大为培育学生的积极心理品质，突出人文关怀和个体价值，帮助学生突破自我、超越自我、提升自我、实现自我。

### （二）丰富教学内容

大学要将积极心理学中积极心理品质培育方面的内容，引入心理健康课程教学中。根据大学生积极心理品质具有可塑性的特点，有针对性地设计个性化教学内容，让不同的学生自主选择学习内容。例如，有的学生在众人面前发言会比较紧张，他们可以选择在课堂演讲来挑战和突破自己；而有的学生在拒绝别人方面会有困难，老师可以通过设计真实的情境，让学生去实践体验拒绝和被拒绝，以此来改变学生的不合理认知，帮助学生建立自尊自信。

### （三）创新教学模式

受教学资源的限制，大部分高校的心理健康课程教学采用的是合班授课的模式，教学方式也主要以讲授为主，教学效果往往不佳。教师要创新教学模式，以培育全体学生积极心理品质的教学目标为导向，将体验式教学模式引入心理健康课程教学中。例如，教师根据不同学生群体选择的教学内容对学生进行分组，在不同的小组实行个性化、差异化的教学方式，有的小组可以采取个人演讲展示的形式，有的小组可以采取团队协作展示的形式。教师要将“教学做”引入心理健康课程教学，通过讲授，改变学生的不合理的认知；通过情境模仿，让学生体验各种积极情绪；通过心理沟通技巧练习，实现学生的自我突破。创新教学模式就要做到充分互动，实现体验式教学，让学生参与课堂实践，去体验、感悟并分享，体现学生的主体性。

### （四）改变教学评价

从积极心理学的视角，高校心理健康课程应以学生的积极心理品质培养为目标，根据不同的学生小组和教学模式，采用过程性评价和终极评价相结合等多维度评价方式。每个人都希望被看见、被尊重、被肯定，所以，教师要看见每个学生的积极改变，要将每一个学生任何积极的细微的改变和突破都作为评价和考核的得分点，而不是拘泥于传统的终极得分评价体系。通过积极的过程性评价，让学生体验积极的情绪，改善行为方式，实现积极心理品质的培育与强化。

### （五）提升教师素质

在将积极心理品质的培育引入高校心理健康课程教学的同时，对教师的素质要求也在提升。教师要提高自身心理素质和修养，以阳光的人格特质去影响学生。同时，教学内容、教学模式及评价体系的改变，对教师的工作能力，尤其是课堂组织能力提出了更高的要求，因此教师要不断学习，不断提高自身素质和技能。[①]

## 第三节　大学生心理健康教育中积极心理学的启示

教育在于使人“成人”，“成人”的任务主要有三个方面：一是纠正缺点，帮助有问题的人纠正缺点，得到应有的发展；二是使人更具有生产性和道德性，即具有一定的知识、能力和社会道德；三是对人进行鉴别，使天才得到充分的发展。在现实生活中，传统心理健康教育往往把重心放在第一项任务上，即将纠正缺点作为自己存在的唯一理由和唯一任务，这种教育称之为消极教育或医学式的病理性教育。积极心理学展示了一种新的理念，即积极教育，这种理念能很好地兼顾教育三个方面的任务，将心理学研究的重点放在促进人的积极发展上，而不是传统的纠正问题上。因此，积极教育是在深入理解传统教育之后对未来教育的一种重新定位。首先，积极教育充分体现了以人为本的思想，消解了传统教育的不足，真正

① 于志英，李迪，2018. 基于心理健康课程培育大学生积极心理品质的途径［J］. 九江职业技术学院学报（4）：50－51.

恢复了教育的本来功能和使命，使很多人的潜力得到充分发挥并生活得更幸福，体现了教育意义上的博爱。其次，积极教育并非把人的优点仅当作是克服其缺点的工具，而是把培养学生的优点作为教育本身的根本目标。最后，积极教育一方面注重对普通人的关注；另一方面也转向对天才的关注，使社会中一部分天才发展更充分、生活更幸福也是积极教育的一大任务。

## 一、积极心理学对大学生心理咨询的启示

积极心理学为大学生心理咨询提供了有益的指导和启示，这一心理学领域专注于研究人类的优点、积极情感和个体的成长。在大学生心理咨询中，积极心理学的理念和方法可以帮助咨询师更好地理解和辅导年轻人，促进他们的心理健康和全面发展。

### （一）积极心理学关注个体的优势

积极心理学强调的一个重要方面是关注个体的优势。在大学生心理咨询过程中，咨询师的角色十分关键，他们能够引导学生认识到自己独特的优势和潜力，从而在心理层面实现积极的改变。这种做法有助于提升学生的自信心和自尊心，培养其积极的自我认知和情感体验。

咨询师在引导学生发现个人优势时，通常会借助积极心理学的理念，鼓励学生审视自己的过去成功经验、特长和技能。通过反思过去的成就，学生能够意识到自己的潜力，并从中获得肯定感和满足感。这些积极的情感和认知有助于改善他们对自身的看法，增强自尊和自信。

从正面的视角看待自己的情况，有助于大学生更好地认识到自己的价值和能力。咨询师可以帮助学生转变对问题和挑战的看法，将其视为成长的机会，而不是威胁。通过积极的思考方式，学生能够更好地应对压力和困难，从而减少情绪负担。

总之，积极心理学在大学生心理咨询中的应用强调了关注个体的优势，这种方法可以通过引导学生发现他们的潜力和价值，提升他们的自信心和自尊心，从而在面对生活的挑战时更积极地应对。咨

询师的积极指导将帮助学生在心理健康领域实现积极的成长和发展。

### （二）积极心理学培养积极情感和乐观态度

积极心理学注重培养积极情感和乐观态度，对人们尤其是大学生的成长过程具有重要启示。在大学阶段，学生面临着来自学业、社交和未来规划等方面的压力，出现情绪波动和挫折感是常见的现象。积极心理学为应对这些挑战提供了实用方法，以帮助大学生更好地管理情绪、增强心理韧性，并积极应对不确定的外界环境。

在大学生心理咨询中，积极心理学的方法之一是培养感恩的心态。学生通过关注自己的成就、获得的支持和积极经历，可以增强感恩意识。这种心态有助于降低焦虑和抑郁水平，培养满足感，使大学生能够从正面角度看待生活。

另一个重要的方法是培养乐观态度。积极心理学鼓励大学生培养积极的思维方式，从而更积极地解释和应对生活中的事件。通过积极的自我对话，大学生能够更好地看到希望和机会，减少消极情绪对其的影响。此外，积极心理学还强调积极思维的训练。大学生可以通过学习如何识别和改变消极的思维模式，培养更积极、现实和灵活的思考方式。这种技能有助于增强其应对压力和挫折的能力，提升其心理韧性。

总之，积极心理学为大学生心理咨询提供了实用的工具，帮助大学生在成长过程中更好地应对情绪波动和挫折感。通过培养感恩、乐观态度和积极思维，大学生能够更好地管理情绪，增强心理韧性，有效地应对生活中的不确定性，从而为积极而健康的心理发展奠定坚实的基础。

### （三）积极心理学鼓励个人成长和自我实现

积极心理学强调个体追求个人成长和自我实现的重要性。在大学阶段，学生常常面临着职业选择和人生规划等关键决策，而积极心理学为他们提供了有益的指导，帮助他们更好地探索自身潜力，明确兴趣和目标，并制定积极的未来计划。

在大学生心理咨询中，积极心理学的应用可以引导学生深入了解自己的兴趣、价值观和愿望。通过这种自我探索，学生能够更清晰地认识自己，从而为未来的发展作出明智的选择。咨询师可以与学生一起探讨他们的兴趣领域、职业愿景和个人价值观，从而为他们提供一个更全面的个人发展视角。

积极心理学还能够帮助学生制定可行的目标，并激发他们的动力去实现这些目标。咨询师可以与学生合作，帮助他们将抽象的愿景转化为切实可行的计划。这种目标设定过程不仅可以增强学生的自我效能感，还能够激发他们为梦想而努力的意愿。

总之，积极心理学在心理咨询中的应用为大学生的个人成长和自我实现提供了有益的支持。在面对职业选择和人生规划时，这种方法可以帮助大学生更清晰地认识自己，制定积极的未来计划，并通过实现目标达到自我成长。咨询师在这一过程中的引导，对于大学生的积极发展具有重要影响。

## 二、积极心理学对大学生心理健康教育的启示

### （一）树立积极的大学生心理健康教育目标

传统大学生心理健康教育目标定位于消除学生心理的各种问题，以预防各种恶性事件的发生。积极心理健康教育以增进大学生的幸福感为主要目标。当前，人类的一切活动不再仅是为了生存，而是为了生存得更幸福。在这样的社会背景下，高校心理健康教育也要体现这一主题——让学生生活得更幸福和更有意义。

#### 1. 大学生心理健康教育应面向未来

积极心理学认为大学生心理健康教育的目标应面向未来，应该体现学校心理健康教育的发展性特点。所谓面向未来，即不能单纯考虑今天的需要，适应今天的环境，不能简单认为学生心理暂时不出现问题就是心理健康，而是要考虑未来社会对人才心理素质的需求，要考虑潜伏在学生成长过程中的心理危机。大学生心理健康教育应以预防为主，治疗与预防相结合。大学生心理健康教育的目标应该面向未来，面向学生的发展。

#### 2. 大学生心理健康教育应保证学生的个性得到充分发展

人与人之间在基本心理素质上是相近的，同时人与人之间的心

理素质又有着一定的差异。人的基本心理素质的相近性，为每个人的发展提供了一定可能性，而在环境和教育的影响下，每个人的主观能动性不同，使人与人之间的心理素质差异客观存在。积极心理学提倡大学生心理健康教育应从人的差异出发，通过心理健康教育过程使每个学生在原有的基础上得到发展与完善。学校不仅要开设心理健康课程，提升学生整体心理素质，还要充分利用学校心理咨询室开展咨询活动以及其他心理健康教育活动，对学生进行心理健康教育，确保学生整体与个性都得到发展。

**3. 大学生心理健康教育应是多层次的**

心理素质不是一个单一的构成物，从内容结构上看，它是由认知、情感、意志、个性等心理品质构成的，这些心理品质经过不同方式的组合，又可外化在学生活动的不同领域，表现为学生社会适应性的不同，如学习适应性、交往适应性、职业适应性等的差异。积极心理学认为大学生心理健康教育不应该只关注学生课程考试压力、求职压力等，也要关注幸福感、满意度、自我效能、诚实、乐观等积极指标，心理健康教育目标应该具有多层次性。

### （二）开展积极的大学生心理健康教育

目前大学生心理健康教育大多是以心理问题为专题，首先摆出学生在生活、学习、交友和娱乐中出现的心理问题；其次，或举例说明，或阐述，对这一心理问题进行探讨；再次，给出处理这些问题的建议、方法与策略；最后，让学生联系自己的实际进行讨论。

积极心理学认为人人都是教育者，人人都是自我心理的调适者，人人都有积极的心理潜能，都有自我向上的成长能力。这种价值取向给大学生心理健康教育提供了新的视角，丰富了大学生心理健康教育的内容。这些丰富的内容既可以是积极的认知方式，也可以是积极的情绪情感体验；既可以是积极的思维活动，也可以是周围积极的组织与群体；既可以是个人的主观幸福获得，也可以是积极的习惯养成等。这些内容既来源于日常生活，带有鲜明的个性色彩，又带有普遍的社会性。

以积极心理学为指导，积极的大学生心理健康教育内容具体包括以下方面。

**1. 认知发展心理健康教育**

积极心理学认为大学生心理健康教育需要对认知发展进行培养，让学生了解认知发展的规律、特点及自身认知发展水平，通过常规或特殊指导，帮助学生挖掘自身的优势，改变自身的不良认知，并学会对认知进行调控。

**2. 情绪稳定心理健康教育**

积极心理学提倡情绪稳定心理健康教育，情绪稳定心理健康教育使学生了解人的情绪的正常状态以及自身情绪变化特点，帮助学生掌握有效的情绪调控手段，使其经常保持良好的心境和乐观的情绪，形成适度的情绪反应能力。

**3. 意志优化心理健康教育**

意志优化心理健康教育注重培养个体意志力和自我调控能力，以促进其心理健康和全面发展。它强调的是培养学生在面对困难、挑战和目标时的毅力、决心和自律能力，从而帮助学生更好地应对生活的压力和变化。意志力是指个体通过自我控制和自我调节来实现目标的能力。意志力的培养有助于学生克服拖延、提高专注力，以及在面对困难时坚持不懈。在心理健康教育中，可以通过以下方式优化学生的意志力：①设定明确目标。帮助学生明确自己的目标，并将其分解为具体的步骤，这有助于激发他们的动力和专注，从而更有可能实现目标。②提高自我监控。教育学生监控自我行为和进展，以确保他们朝着目标前进。这种能力有助于及时纠偏，保持目标的一致性。③培养自律能力。鼓励学生培养自我控制和自我约束的能力。这可以通过建立健康的习惯、规律的学习时间和克制自己的冲动来实现。④应对挫折和困难。帮助学生学会应对挫折和困难，不轻易放弃。这种心理韧性的培养能够增强他们的意志力，使他们更能够在逆境中坚持前行。

意志优化心理健康教育的目标是使学生具有坚定的意志和自我控制力，以便更好地应对生活中的挑战和压力。通过培养意志力，学生能够更好地管理情绪，实现自我发展，提升自我效能感，并在实现个人目标时取得更好的结果。

**4. 个性完善心理健康教育**

积极心理健康教育要求学生学会修身养性，增强自我教育能力，从而矫正不良个性品质，促进个性的完善，培养学生对待自己、他人、集体的良好态度与行为反应。

**5. 人际和谐心理健康教育**

积极心理学认为大学生心理健康教育要帮助学生掌握人际交往的特点和规律，掌握一定的交往技巧，使学生在群体中能够与人和睦相处，悦纳他人，也悦纳自己，培养学生健康的人际交往态度。

**6. 学习适应心理健康教育**

学习适应心理健康教育有助于帮助大学生更好地适应新的学习环境，提升学业表现，并保持心理健康。大学是一个知识和技能更新的平台，同时也带来了学业压力和挑战。

大学生学习适应心理健康教育的内容包括：①学习技能培训。提供学习方法、笔记整理、阅读技巧等培训，帮助大学生更高效地学习。②时间管理。教授时间管理的原则和实践方法，帮助大学生合理规划时间，提高任务完成效率。③压力管理。提供压力管理技巧，教授情绪调控方法，帮助大学生有效应对学业压力。④目标设定与规划。帮助大学生明确学习目标，制定学习规划，提升自我激励和自我管理能力。

### （三）采取积极的大学生心理健康教育方式

受传统心理学影响，在大学生心理健康教育中，教师习惯于在单位时间里传授更多的知识，致使教学形式机械单一，师生双方缺乏教学热情和互动。如何使学生的求知过程变成积极主动的行为过程，使教育过程成为师生获得积极情感体验的过程成为一大难题。积极心理学在前人研究的积极人性论、需求驱动论和认知情感等理论的基础上对此提供了支持——积极情绪体验。大学生心理健康教育不仅有认知的发生，更有情感的体验，情感不仅是一种重要的学习气氛，本身也是教学的重要组成部分之一。心理健康教育的实践性、互动性、体验性的教学性质，需要师生彼此较多的互动，应改变缺乏人文关怀的单纯知识传授式的教学方式，采用双向的、互动的、积极开放式的教学模式。例如，将团体心理咨询的理论技术运用到大学生心理健康教育课程中，注重师生、生生之间的多向沟通，学生在课程中以角色扮演、问题讨论、活动体验等多种学习方式领会知识、探讨问题，在轻松、和谐的氛围中学习掌握自我成长的方法，从而将认知提高与活动体验、反思建构有机结合，将一系列专题的心理健康知识寓于情感体验、交往互动、反思领悟、行为训练中。

**1. 互助式的教育方式**

互助式的教育方式是指通过各种行为，彼此有意识地施加心理影响，使参与者的心理素质向积极方向发展变化的活动。在此过程中，学生可以通过各种方式满足自己的心理需求，促进心理发展，维护心理健康。采取互助式的教育方式有利于大学生情绪的唤起和情感的共鸣，以达到助人自助的教育目标。在心理健康教育中要始终以大学生为中心，注重学生主体活动的主动性、参与性，协助、启发大学生的思考，使心理健康教育成为大学生情绪调节、情绪体验的过程。互助式教育的具体方式包括：互助式心理激励，同学之间可以通过接纳、肯定、鼓励等方式彼此施加积极的心理影响等；互助式心理辅导，让每一个学生在寻求辅导的同时都充当辅导者；互助式心理社团，心理社团在开展活动的过程中，学生自己提出问题并解决问题，有利于提高心理教育的针对性。

**2. 自我教育的方式**

教育和自我教育都是人类文化传承的手段，但狭义上的教育往往是一种被动的接受性活动，而自我教育则是主动的能动性活动。积极心理学强调人性中的积极方面，相信人性中一定有自我成长的潜能，相信个体面对挫折和障碍具有自我恢复的功能。在社会化过程中，人固有的、由积极基因所决定的心理元素被激活，成为影响人行为的积极的心理因素，进而可以发展成为积极的心理特征、心理品质。积极心理学相信，每个人都具有积极的因素，心理健康教育只是调动了这些因素。人是决策者，而不是环境刺激的被动反应者，人有选择、有理性、有智慧。如果我们调动了这些力量，不仅可以预防心理疾病的发生，而且可以成为一个幸福积极的人。因此，积极心理学强调大学生心理健康自我教育，让大学生能够积极地调控、整合自身生理、心理、社会文化素质要素为其心理健康服务，让大学生不断深入认识自我、建设自我、超越自我、实现自我。

**3. 体验式的教学方式**

体验式教学是指在教学中教师积极创设各种情景，引导学生由被动到主动、由依赖到自主、由接受性到创造性地对教育情景进行体验，并且在体验中学会避免、战胜和转化消极的情感和错误的认识，发展、享受和利用积极的情感与正确的认识，使学生充分感受蕴藏于这种教学活动中的意义与价值，从而达到促进学生自主发展的目的。

（1）体验式教学的意义。

1）激发学习兴趣。体验式教学通过创造生动、实际的学习体验，激发学生的好奇心和兴趣，从而使他们更加积极地参与学习过程。

首先，学习是一个积极主动的过程，而体验式教学恰恰可以激发学生的主动性。当学生在教学中亲身参与、实际体验时，他们会感到更加投入，因为他们感受到了学习的乐趣和成就感。通过参与角色扮演、情景模拟、小组讨论等体验式活动，学生能够将抽象的知识转化为具体的经验，从而增强他们的兴趣和好奇心。其次，体验式教学还能够满足学生的探索欲望。当学生通过实际操作和体验了解知识时，他们能够更加深入地探索问题的本质和细节，从而满足他们对知识的渴望，这种探索过程本身就能够激发学生的学习兴趣，让他们更加主动地去了解和学习。最后，体验式教学能够激发学生的竞争欲望。在一些互动性强的体验式活动中，学生可能会与同学进行比较，这种竞争能够激发他们的兴趣，促使他们更努力地投入学习。同时，竞争也能够培养学生的团队合作意识，使学习过程更加丰富多彩。总而言之，通过体验式教学激发学生的学习兴趣，不仅能够提高他们的学习动力，还能够促进他们更深入地理解和掌握知识。当学生在体验中获得成就感和满足感时，他们会更加愿意将所学内容应用到实际生活中，从而提升学习的实际效果。

2）加强记忆与理解。在大学生心理健康教育中，体验式教学具有加强记忆与理解的重要作用。通过亲身体验，学生更容易将知识融会贯通，深刻理解，持久记忆。

首先，亲身体验可以使抽象的知识变得具体而实际。传统的教学方法可能使学生陷入单纯的书本阅读和理论学习中，难以将知识应用到实际生活中。然而，体验式教学却能够通过实际操作、情境再现等方式，让学生亲身参与，使抽象概念具体化。例如，通过情景模拟，学生可以在虚拟环境中实际应用心理健康技能，他们能够更好地理解知识的实际应用。其次，亲身体验能够激发学生的情感参与，增强记忆效果。人们往往更容易记住与情感相关的事件和经历。通过体验式教学，学生可以在情感体验中获得深刻的记忆。例如，在角色扮演中，学生需要在特定情境中表现特定情感，这种情感体验有助于深刻记忆相关的心理健康知识。再次，亲身体验能够促进多感官参与，加强记忆效果。人类的记忆往往能通过多个感官的参与得以加强。体验式教学通常涉及听、说、看、做，使得学生能够在不同层面上理解和记忆知识。例如，在互动游戏中，学生需要通过视觉、听觉、触觉等多种感官来解决问题，从而加深对知识的理解和记忆。最后，通过亲身体验，学生能够主动探索，提高知识的掌握程度。传统的被动学习方式可能导致学生的知识掌握程度较低，而体验式教学则能够激发学生的主动学习兴趣。通过参与实际操作、积极探索，学生能够更加深入地了解和掌握知识。

3）培养实践能力。体验式教学在大学生心理健康教育中具有培养实践能力的显著优势，这种教学方法强调实际操作和亲身参与，有助于培养学生解决问题的技能，使所学知识更具应用性和实用性。

首先，体验式教学鼓励学生在实际情境中运用所学知识。通过角色扮演、情景模拟等活动，学生能够在虚拟的环境中体验实际问题，并运用所学技能解决问题。这种实际操作能够使学生更深入地理解知识的应用，培养他们将理论转化为实践的能力。其次，体验式教学强调主动探索和实践。学生在体验式教学中不仅是被动接受知识，更是通过实际操作和参与来主动探索问题。他们在实践中能够积极尝试不同方法，从错误中学习，逐渐培养解决问题的实践技能。再次，体验式教学能够培养学生的创新能力。在实际操作过程中，学生可能面临各种挑战，需要灵活运用已学知识解决问题。这种实际操作培养了他们的创新思维，让他们在实践中能够寻找新颖的解决方案。最后，体验式教学还有助于将知识融入学生的日常生活。学生在实际操作中可以感受到知识的实用性，认识到这些技能在生活中的重要性，这种体验能够激发学生更主动地将所学知识应用到实际情境中，提高他们的应用能力。

4）促进情感共鸣。体验式教学在大学生心理健康教育中扮演着重要角色，特别是在促进情感共鸣方面。体验式教学能够通过情感体验引发学生的情感共鸣，让他们更深刻地体会到心理健康的重要性，增强对心理健康议题的关注和理解。

首先，情感体验能够拉近学生与心理健康议题之间的距离。在传统的课堂教学中，抽象的心理健康知识可能显得较为冷漠和遥远。然而，通过情感体验，学生能够真实地感受不同情感状态，从而将心理健康议题与自己的情感经历联系起来。这种情感共鸣可以使学生更加投入，增强他们对心理健康议题的亲近感。其次，情感体验有助于培养学生的同理心和同情心。在体验式教学中，学生可能会扮演不同角色，体验不同情感，从而更好地理解他人的情感体验，这种体验可以培养学生的同情心，让他们更能够体会他人的情感和需求，从而在实际生活中更加关心和支持他人。再次，情感体验还能够激发学生对心理健康的认知和关注。当学生在情感体验中感受到压力、焦虑或愉悦时，他们会更深刻地意识到情感对心理健康的影响。这种体验可以使学生更加重视自己的情感状态，认识到积极情感和心理健康的重要性。最后，情感体验能够加深学生对心理健康问题的理解和记忆。情感与记忆紧密相连，在情感体验中学生更容易记住相关的知识和信息。这有助于学生更深刻地理解心理健康议题，加强他们对心理健康知识的记忆和掌握。

（2）体验式教学的方法。

1）角色扮演。角色扮演是一种在大学生心理健康教育中常用的教学方法，该方法通过设计特定情境，要求学生扮演不同角色，以便学生深入体验不同情感和行为。这种方法能够帮助学生更真实地感受他人的观点、情感和反应，从而增强他们的情感认知和同理心。通过角色扮演，学生可以投身于不同的情境中，体验喜怒哀乐等各种情感，从而更好地理解情感的本质和影响。此外，角色扮演还能培养学生的自我表达和情感调控能力，帮助他们更有效地应对不同情感状态。通过与他人互动，学生还能够在角色扮演中增进沟通、合作和解决冲突等技能，进一步促进他们的社交和情感成长。

2）游戏互动。游戏互动是一种在大学生心理健康教育中广泛运用的教学方法。游戏互动通过设计有关心理健康主题的互动游戏，以轻松愉快的方式培养学生的心理技能，这种方法能够激发学生的兴趣和参与度，从而更有效地促进知识的吸收和理解。通过游戏，学生能够在有趣的情境中体验不同的心理技能，如情绪调节、压力管理等。游戏互动可以增强学生的团队合作意识，因为他们通常需要在游戏中与他人合作解决问题。通过轻松愉快的游戏方式，学生不仅能够学习心理技能，还能够在娱乐中感受到心理健康的重要性，为他们的全面发展提供积极支持。

3）情景模拟。情景模拟是大学生心理健康教育中一种有效的教学方法，它通过营造模拟环境，让学生在虚拟的情境中实际应用心理健康技能。通过这种方法，学生能够在模拟的情境中体验真实的挑战和问题，然后运用已学的心理技能处理问题，而不必承受真实情境所带来的压力。这种安全的环境使学生能够更自由地尝试不同的方法和策略，从而积累经验，提高应对挑战的信心。总而言之，情景模拟是一种在大学生心理健康教育中有益的教学方法，它通过模拟情境，培养学生的实际操作能力和自信心，为他们在面对实际挑战时提供有力支持。

## 三、积极心理学对构建大学生社会支持系统的启示

长期以来，大学生心理健康教育依赖高校专职教师和相关机构，只是简单的“单打独斗”，并没有主动联合家庭和社会，尚未形成家、校、社会紧密联系、共同协作、三位一体的促进大学生心理健康发展的社会支持系统。积极心理学认为人及其经验在环境中得到体现的同时，环境也在很大程度上影响人，家庭关系、文化规范、社会关系等都能够支持人发展自身的能力及长处。学生所处的环境由家庭、学校、社会共同组成，所以创造良好的社会支持系统有赖于三者的共同努力和通力合作。三者只有共同发挥各自的优势，才能为大学生心理健康发展创建和谐的环境。

### （一）家庭开展心理健康教育

家庭是社会的基本单位，是个体身心发展的重要场所，也是对个体身心发展最重要、最直接、影响最深远的组织系统之一。精神分析学认为早期经验对人后期发展的影响极其深远，甚至起到决定性作用。当前大学生在上大学、独立生活之前基本上都与父母生活在一起，父母所提供的家庭教育环境是他们早期经验的主要来源，父母对其人格及心理的形成具有相当大的影响。家庭教育以其独有的方式及优势在日常生活中使子女受到耳濡目染的影响，在孩子的教育中起到独特且十分关键的作用。因此，积极心理学建议高校一方面要通过各种渠道让家长了解学校心理健康教育工作的内容和效果，不断地与学生家长进行联系和沟通；另一方面，更要适当地引导家庭心理健康教育的开展，同时还要帮助家长提高他们的心理素质和心理健康水平。

### （二）社会发挥心理教育功能

积极心理学认为，大学生心理健康教育不仅要依靠学校和家庭的教育与培养，还需要社会的普遍关注和正确的舆论引导。坚持正确导向，营造积极健康的舆论氛围，是营造良好的社会氛围的重要

基础。广播、电视、报刊、网络等媒体，是培育良好公众心态和正确社会舆论的重要载体。要通过媒体切实把握好舆论引导的方向、时机、分寸和力度，着力营造积极向上、健康良好的公众心态和生动和谐的社会氛围。努力烘托与营造一个积极、愉快的氛围，让生活于其中的人们感受到满足、乐观与充满希望，有利于社会发挥对大学生心理健康教育的支持引导作用。[①]

① 周旖，2013. 积极心理学视角下高校大学生心理健康教育研究［D］. 长沙：湖南师范大学：29－44.

# 第六章

# 大学生积极心理品质培育的实践研究

培养大学生积极心理品质，是为了学生自身发展的需要，也是为了社会的需要，因此，在学校教育中引入积极心理学理论，将积极心理学理论和技术应用于教育实践，建设积极组织环境，营造健康向上的氛围，可以增强学生积极情绪体验。本章重点研究大学生网络问题与网络心理健康教育、大学生创业心理及其积极心理品质培育、大学生心理危机与积极心理干预、大学生积极就业心理与职业规划。

## 第一节　大学生网络问题与网络心理健康教育

目前，互联网的迅速发展真正为人们营造了一个崭新的虚拟空间、精神生活空间和文化空间。在网络上，人们形成了一种新型的交流方式，它改变了人们以往接受、处理和发送信息的方式，也改变了信息存在的方式，重新调整了人们之间的连接渠道等。对于大学生而言，网络早已成为他们日常学习、生活、娱乐必不可少的组成部分，或者说大学生的生活已经离不开网络。网络给大学生带来了全新的理念、丰富的知识，甚至改变了大学生的思维方式，对其行为模式、生活方式、价值取向、心理发展、道德观念等也产生了巨大的冲击，其中引发的心理问题更是受到了全社会的关注。因此，加强大学生的网络心理健康教育也迫在眉睫。

## 一、互联网与大学生

### （一）互联网的特征

互联网（internet）又称因特网、国际互联网和计算机互联网。第一个字母大写时，作为专有名词的 Internet 译为因特网，而当第一个字母小写时，internet 意译为各类作为“网络的网络”的互联网。互联网有时也被简称为网络。它主要是指由全球的计算机等终端通过采用传输控制协议和网际互联协议（TCP/IP）连接而成的一个庞大的带有共享性的全球信息系统。互联网集报纸、广播、电视三家之长，实现文本、图片、音频、视频等素材的有机结合，并使受众全球化，是传播领域一次革命性的飞跃。相对于报纸、广播和电视等传统媒体而言，网络媒体具有以下鲜明的特征。

**1. 信息量大，覆盖范围广，资源可共享**

信息经过了数字化的处理，高密度存储在客户服务器上。互联网连接了覆盖全球的数以亿计的电脑终端，凡是与网络相连的用户计算机均可以分享网络上的信息资源。因此，互联网是迄今为止容量最大的传播介质，网络系统的开放性和共享性使其信息容量几近于无限。

**2. 传播与更新速度快**

报纸需要打字、排版、制作胶片、印刷，广播、电视需要录制、剪辑、配音等程序，与之相比网络新闻制作和传播则可以直接在电脑上一次性完成。网络媒体可以用光的速度交换信息，瞬间便可把信息发送到所有用户手中，不受印刷、运输、发行等因素的限制，可以随事件的发生、发展随时发布最新的消息。另外，网络的拷贝功能使得信息的复制变得准确而又完整。

**3. 具有信息搜索功能**

网络的信息搜索功能极大地提高了人们使用信息的效率。信息搜索常用搜索引擎和搜索软件。搜索引擎是指互联网上专门提供查询服务的网站。这些网站通过复杂的网络搜索系统，将互联网上大量网站的页面搜集到一起，经过分类处理并保存起来，从而能够对用户提出的各种查询作出响应，提供用户所需的信息。搜索软件的最大特点就是可以同时启动互联网上的多个搜索引擎进行搜索，能得到更多、更详细的信息。

**4. 具有多媒体功能**

网络媒体打破了传统媒体的界限，网络上的信息可以以文字、声音、图像和视频等多种形式呈现。在网络上，人们可以获得报纸上新闻的完整报道、电视上热点事件的记录视频和杂志上关于重大事件的深度分析。多媒体技术的应用，使通过网络传达的信息刺激了人们的视觉、听觉等，增强了传播效果。

**5. 虚拟性**

网络世界是人类通过数字化方式，连接各计算机节点，综合计算机三维技术、模拟技术、传感技术、人机界面技术等一系列技术生成的一个逼真的三维感官世界。它以声音、图像和文字等作为自己的形式。在这个世界里，一切都是虚拟的，虚拟的邮局、虚拟的图书馆、虚拟的医院、虚拟的社区、虚拟的爱情和家庭，甚至连身份都可能是虚拟的。在虚拟的互联网中，人们可以根据自己的需要，任意创造自己喜欢的角色，做出在现实社会中难以达成的事情，人们的行为也因此具有了虚拟化和非实体化的特征。在互联网世界里，任何人都可以根据自己的喜好和需要扮演适当的角色。

**6. 交互性**

网络不同于电视、广播的信息单向传播，而是一种双向的信息交流活动，受者不仅是信息资源的消费者，也是信息资源的生产者和提供者。网络的互动性表现在两个方面：一是受众可以自由选择信息，基本不受时间和空间的限制；二是借助于网络，信息生产者也可以快速、低成本地收集受众的反馈信息，从而提高传播效果。

### （二）网络的问题与功能

网络是一个文化多元、价值多维的空间，充斥着多种异质因素。它的虚拟性特征既给人以创造性，又产生虚假性；其开放性特征既给用户广阔自由，又带来失律、失范风险。

**1. 网络文化的问题**

（1）虚拟空间冲淡现实世界。网络是一个虚拟的空间。从某种角度而言，虚拟只是一种想象性的占有，虚拟的内容通常并不能在现实世界中客观地存在。但网络技术不但能够模拟现实，而且能够模拟比现实更为完美的场景，甚至能够把现实中不存在的世界在网络中展现出来。

（2）传统修身文化与网络娱乐放纵。传统的中国文化特别强调修身的重要性，强调个体的伦理化历程，突出个体对于整体的服从性、归属性和认同性。而网络文化所侧重的是娱乐化人生及个性化表达，个体价值凌驾于任何其他价值主体。因此，中国传统的修身文化与网络文化之间存在一定的分歧。

（3）自我意识的觉醒与公共意识的模糊。在网络中个体观念被充分放大。网络互动中一方面个人发布的生活感悟、观念态度等同时成为公开信息，从而个性进入了公共领域；另一方面群体规范缺失进一步放大了公共领域中的个体个性展示。在自我传播的文化中，业余主义受到极大的鼓舞，只要是有观点的人，就可以写博客、发布视频，或者去百度百科创建条目，受过专业训练的专家和所知甚少的业余爱好者的界限越来越模糊。在把关人缺失、内容监管不到位的境况下，网络文化不仅不受专业标准或职业道德的约束，反而还会操控公众舆论。因此，提高网民素质、加强自我约束、增强网络公共意识成为网络文明建设的当务之急。

（4）中国传统文化遭遇多元价值观冲击。21世纪以来，现代化进程不断加快，为多元文化表达创造了条件，同时也使传统文化的生存和发展面临新的挑战和问题。网络提供的表达平台使得人们畅所欲言，个人主义、历史虚无主义、新自由主义等价值观念对中国的传统文化而言是一个不小的冲击。面对网络化进程的加快，传统文化的保护和发展，已经不再是一般意义上的传承和延续，而是从内涵到外延的不断创造和更新，我们在接触世界文化多样性的同时，也应注意保护和弘扬传统文化的精华。

### 2. 网络互动的功能

网络互动有效地弥补了传统媒体的缺陷，迎合了人们寻找自我表达和获得认可新方式的需要。对于个体而言，网络提供了展示自我的平台，通过述说自己的故事，打开心结，个体可以重新构建自己与外界的和谐关系。

（1）网络是记录并展示自我的平台。网络赋予个体一个现代化的书写平台，用于记载个体的经验，即每日发生的事件和观察到的东西。个体经验完全属于作者自己，反映了自身的成长经历，这些私下的经验和故事的传播，既不需要证实，也不需要证伪。很多人乐于在网络上表达自己的原因还在于他们展示着自己丰富精彩的内心世界并与他人交流。人是一种社会动物，必须在与他人的交流中感觉自己的存在。

（2）网络加速了大学生社会化的进程。作为一种充满个性化的传播方式，网络充分利用了大学生好奇心强、交流欲望强烈、渴望获得他人认可、寻求思想上的自由等特点，将大学生的发展欲望与其对社会价值的认可很好地结合在一起。在大学生社会化的过程中，外部的社会生活环境对个人社会性的形成、发展和实现起着重要的作用，因而网络信息传播和交流活动也给大学生的社会化带来了深刻影响和广泛作用。网络开阔了大学生认识世界的视野，使其可以在一个比以往更加宽广的社会环境中寻找和收获所需的社会知识，培养各种技能。

## （三）大学生网络应用的心理需求

随着校园网络技术的发展与普及，大学生上网人群日趋增多，网络已经成为大学生生活中不可缺少的一部分。了解大学生网络应用心理，是开展大学生网络心理健康教育的重要前提。大学生网络应用心理分为积极的心理需求与消极的心理需求两种心态。

### 1. 大学生积极的心理需求

（1）学习心理需要。互联网以其信息快、内容新、手段先进等优势极大地吸引了大学生的好奇心，引起了他们的关注和兴趣，激发了他们学习和掌握网络知识和应用技能的欲望，部分大学生利用网络浏览新闻，查询资料，满足了学习知识、增强能力的心理需求。

（2）参与心理需要。网络平等自由的氛围吸引了当代社会中对自由、平等呼声较高的大学生群体。在网络这个虚拟空间里，大部分现实社会的限制消失，只要参与进来，任何人都是互联网的“主人”，在法律允许的范围内，任何人都可以在网上按自己的意愿和喜好，做自己想做的事。部分大学生在网络上开辟自己的空间，发表自己的观点，满足了张扬个性的需要。

（3）社会交往心理需要。网络是一个开放的信息源，各种文化、思想、观念都可以在这里争鸣。这就为大学生追求开放和多元的文化、观念提供了平台。在网络上，人们没有在日常生活中的交往障碍，在虚拟世界里，人们可以在匿名的状态下表达自己真实的观点和情感，表达自己的心声，跨越空间限制结交志同道合的朋友，缓解内心的孤独感。

**2. 大学生消极的心理需求**

（1）猎奇的心理需要。部分大学生在网络上寻求猎奇的体验，追寻那些在现实生活中难以了解的事物或信息，并借以获得感官刺激。这种心理需求可能是对日常生活单调乏味的反应，希望通过网络获得新奇和刺激。同时，一些大学生可能在精神空虚时通过网络在虚拟世界中寻求无法在现实世界中得到的心理满足，这种逃避可能是对现实问题的回避。

（2）尝试网络发财的心理需要。网络上的一些虚假宣传，可能使部分大学生抱有通过网络迅速发财的期望。他们可能将网络视为通向成功的捷径，希望通过网络获得经济上的独立和成功。这种心理需求也可能与一些社会误导有关，部分大学生对“成功”的理解产生了偏差。一些大学生可能在网络上过分关注生财之道、成才捷径等，以寻求快速的成功途径。

这些消极的心理需求可能在一定程度上影响着大学生的行为和选择。然而，重要的是认识到这些需求并非健康和持久的，因为过于依赖虚拟世界或追求不现实的目标可能导致大学生在心理和生活上出现问题。因此，学校和社会可以通过加强积极心理健康教育，帮助大学生更好地认识自己的心理需求，培养健康的心态，以及提供正确的价值观引导，从而使他们能够更好地应对挑战，实现积极、健康、有意义的美好生活。

## 二、大学生网络心理问题及应对策略

### （一）大学生网络心理问题的表现

网络心理问题是指由于对互联网的认识和使用不当而引发的不良心理反应。大学生从网络上获得了大量的信息，拓宽了知识面，这有利于其全面发展。但网络空间无奇不有，信息鱼龙混杂，这对缺乏辨别是非和自控能力的大学生而言，很容易产生不良诱惑。当代大学生正面临着前所未有的网络危机。大学生作为规模最大的网民群体之一，因其特殊的心理特征，受到了网络环境的深刻影响，也催生了许多心理问题，具体如下。

**1. 自我封闭**

现代网络和通信技术是以人机对话的形式进行的，直接颠覆了传统的人与人之间面对面的交往方式。网络可以让我们不受所处的现实环境限制而与另一个不知身份、年龄、性别的人进行思想上的交流，也在一定程度上阻隔了真正意义上的人际交往。这容易使大学生产生与现实生活的距离感，进而诱发情感交流障碍。同时，网络世界的相对独立性、隐蔽性、诱惑性容易使一些在现实世界人际交往受阻的大学生转向虚拟世界寻求安慰和满足，导致其在现实生活中人际交往能力的弱化，进而走向自我封闭。

**2. 网络孤独**

网络孤独就是过分地依赖网络，淡化了个人与现实社会及他人的交往，远离周围伙伴，慢慢地对丰富多彩的现实生活失去了感受力和参与感，变得越来越孤僻。网络孤独多发生在性格较为内向的大学生中，其典型症状是沉溺于网络、脱离现实、情绪抑郁、社交面狭窄、人际关系冷漠等。

**3. 情感失控**

情感是指人们对外界事物采取的某种态度，并由此产生的诸如喜、怒、哀、乐、惧、愁等各种不同的内心体验。大学阶段是自我意识发展的重要时期，外界环境和社会条件的急剧变化可能导致一些人的情感活动异常。另外，大学生在网络上无法通过表情、肢体互动这些现实中人际交流的过程来修饰和填充信息的感情色彩。大学生正处于情感体验的高峰期，情绪起伏大，情感体验强烈，部分大学生沉迷于网络之中无法自拔，阻断了社会情绪体验的渠道，使自己在网络世界中逐渐变得情感冷漠，造成了情感的失控。

**4. 网络焦虑**

网络焦虑有网络适应焦虑、网络信息焦虑等。

（1）网络适应焦虑。大学新生，特别是来自经济落后地区的学生，接触互联网较少，当他们进入大学，面对丰富多彩的网络界面，看到层出不穷的各种电子书籍、电脑软件，看着周围同学熟练地使用网络自由地浏览信息、聊天，自己却有很多不懂的事物时，倍感迷茫。还有部分大学生虽然比较熟悉计算机操作和网络使用，但还是担心自己会跟不上网络的快速发展，怕因掌握不了新的网络技术而被淘汰。

（2）网络信息焦虑。互联网是信息传播的载体，大学生在通过网络输入信息、传播信息的同时也共享着信息，信息在网络上与日俱增，其直接结果就是信息爆炸与信息过载。大学生在输入和传播信息的同时，也被海量的信息影响着。当大学生面对过度的信息刺激情境，尤其当大量的信息是无意义的信息时，往往会因无所适从而焦虑；当大学生所摄取的阅读量超过了其能够消化吸收的限度时，多余的部分就会堆积起来，最后可能会因为压力与过度刺激引发信息焦虑症。

## （二）大学生网络心理问题的应对策略

**1. 正确认知网络**

互联网世界既是一个自由、开放、平等的世界，也是一个充满着诱惑的危险之地。大学生应该认识到网络只是一个工具，网络资源是人类社会不可缺少的财富，对互联网的破坏与滥用就是对社会正常秩序的极大破坏。大学生只有对网络树立正确的认知，才有可能正确地面对网络，合理地使用网络资源，准确把握自我，认清自己的真实需要，处理好现实社会与虚拟社会的关系，避免网络心理问题的产生。

**2. 加强网络自律**

对于大学生个人而言，只有自律才能既充分体现其自尊、自主与自由，又充分培养其自我控制力，帮助其养成良好的习惯。在互联网社会中，由于信息含量巨大，各种文化与价值理念交织纷纭。另外，互联网社会缺乏强大的外在约束。在缺乏较强他律或几乎难以感受到较为直接的他律影响力的互联网社会，自律的重要性显得尤为突出。一个缺乏自律的人不可能是一个自尊自重的人，也不会是一个能获得自由与实现自我价值的人。大学生应合理安排好自己的日常生活，保持正常的生活、工作、学习规律，控制上网时间。同时，要勇于直面现实，直面人生，多参加有益的社会活动，将自己从对互联网的迷恋中解脱出来。

**3. 参与团体心理辅导**

团体心理辅导是由心理辅导者指导，借助团体的力量和各种个体心理辅导理论与技术，就团体成员心理问题与他们面对面共同商讨，为其提供心理帮助、指导以及行为训练的机会，使每一位团体成员学会自助，以此解决团体成员共同的心理问题或共有的心理障碍，最终实现改善行为和发展人格的目的。

团体心理辅导在大学生群体中发挥着重要作用。它将求询者置于一个辅导与治疗团体的环境中，建立起一个群体互助的平台。在这个团体环境中，存在心理困扰的大学生能够更加直观地认识到自己的心理问题并非孤立存在，团体中的其他人同样有着相似的忧虑和困扰，甚至有些人的问题比自己还要严重。这种发现让他们不再感到孤立，减轻了他们心理上的担忧和焦虑程度。

在团体心理辅导中，由于成员的心理认同感较强，他们会感受到彼此的支持与理解，从而增强了群体归属感。这使得他们更愿意分享和倾诉，增加了服从群体的从众行为，进而促进了群体的稳定性。团体心理辅导采用多种方式，如师生辅导、成员互相辅导、讲座、小组讨论以及行为示范等，为大学生提供了丰富的学习和互动机会，帮助他们更好地认识自己的问题，培养解决问题的能力，以及促进个人成长和心理健康的发展。通过团体心理辅导，大学生可以在一个充满支持和共鸣的环境中，共同探索心理问题的根源，分享应对方法，获得心理支持，最终走向更加积极、健康、美好的生活道路。

**4. 优化互联网环境**

良好的互联网环境培育健全的人格，恶劣的互联网环境造就有缺陷的人格。为了保障大学生互联网心理的健康发展，还需要社会、学校等多方力量共同关注大学生的成长，优化互联网环境，为大学生提供一个良好的发展平台。对此，可从以下方面着手。

（1）加快互联网信息控制技术研究，净化互联网信息。要净化互联网信息，必须对互联网及互联网信息进行有效的管理，从技术上解决互联网管理的难题。互联网信息的控制在于对信息的过滤、选择。通过对信息的过滤，实现信息净化，可从技术上保证大学生免受互联网上非法内容的侵害，为大学生互联网心理健康发展提供技术保证。

（2）在网络上宣传优秀传统文化与先进文化。随着互联网的发展，全球化不可逆转地挺进，东西方文化将产生全方位的巨大碰撞、冲突、交流、融合，这会对大学生原有的价值观念带来许多影响，容易造成其认知偏差与心理问题。改革开放 40 多年以来，我国不仅要与世界进行经济与物质的双向交流，更要进行文化与精神的双向交流。只有用进步的思想与优秀传统文化教育大学生网民，才有可能塑造出健康成长的大学生。

（3）适应互联网时代特点，改进高校教育与管理。高校教育与管理工作的重点是培养大学生鉴别是非的能力，高校应积极开展各种互联网活动，自身装备“互联网心理健康防火墙”，使大学生自觉地维护和保持自己的心理健康。高校应该组织建立各种学生团体，让学生在参加团体组织的活动过程中，满足自身被接纳、关爱和归属的需要。

（4）开展网上心理咨询。开展互联网心理咨询应从两方面入手：一是利用互联网快捷、保密性好、传播面广的优势，开设网上心理咨询，如设立心理咨询网站，传播心理知识，进行网上行为训练的指导，开设在线心理咨询等；二是根据大学生网络人际交往心理特征、大学生互联网心理障碍等大学生互联网心理问题的研究，确立一套可操作的、有效性强的互联网心理咨询方案。

## 三、大学生健康网络意识的教育

### （一）大学生健康网络意识教育的内容

当今社会，互联网的普及和应用已经成为大学生日常生活中不可或缺的一部分。然而，这种对网络的依赖也带来了一系列挑战，其中包括网络安全问题和心理健康问题。因此，大学生健康网络意识教育变得至关重要。

**1. 培养信息素养**

大学生需要培养信息素养，即学会有效地获取、评估和应用网络上的信息。信息泛滥导致信息的真伪难以判断，所以大学生需要具备鉴别虚假信息的能力。通过系统的信息素养培训，大学生可以学习如何从海量信息中筛选出有价值的内容，同时也能够辨别虚假信息和谣言。这将有助于他们形成健康的信息获取习惯，避免其受到不良信息的影响。

**2. 具备网络安全意识**

大学生应该具备网络安全的意识，了解在网络空间中的各种风险和威胁。随着网络犯罪的不断升级，大学生可能会成为网络诈骗、恶意软件等攻击的目标。通过网络安全教育，大学生可以学会如何识别垃圾邮件、避免点击可疑链接、保护个人隐私信息等知识。他们也需要了解如何创建强密码以及保护自己免受身份盗用等问题的侵害。

**3. 养成良好的网络礼仪和道德观念**

大学生还需要在网络行为方面培养良好的礼仪和道德观念。互联网虽然提供了一个广阔的交流平台，但匿名也容易诱发网络暴力行为。通过网络礼仪和道德观念的教育，大学生可以学会在网络世界中尊重他人，保持友好和文明的交流方式。这不仅有助于构建积极的网络环境，还能够培养他们在现实社会中的责任感。

**4. 谨防过度沉迷**

防止大学生过度使用互联网、沉迷于社交媒体也是健康网络意识教育的重要部分。大学生可能因长时间使用互联网而忽视了其他重要的活动，导致心理和生理健康问题。通过接受教育，他们可以了解沉迷网络的风险，学会合理规划时间，确保使用网络不会对他们的日常生活和学业造成负面影响。

**5. 培养网络社区的社会责任感**

大学生还需要培养网络世界中的社会责任感。在互联网上，个人行为可能对他人产生深远影响。大学生应该明白自己的言行会影响到网络社区的整体氛围，因此需要对自己的言论和行为负责。通过接受教育，大学生可以充分理解言论自由的同时也需要尊重他人的权利，以建立一个友善、和谐的网络环境。

## （二）大学生健康网络意识教育的实施建议

随着互联网在大学生的生活中扮演着越来越重要的角色，为他们提供健康网络意识教育变得越来越重要。以下是一些建议，可以帮助学校等教育机构更好地实施大学生健康网络意识教育。

**1. 综合课程设计**

设计涵盖多个方面的综合课程，包括信息素养、网络安全、隐私保护、网络礼仪等。这样的课程可以为学生提供全面的网络知识和技能，使他们更好地应对互联网世界中的挑战。

**2. 互动性教学**

制定互动性强的教学计划，包括小组讨论、角色扮演、案例分析等。这有助于学生积极参与，并更深入地理解网络心理困扰的实际应对方法。

**3. 专家讲授**

邀请网络安全专家、心理学家等专业人士开办讲座和工作坊，向学生介绍有关网络安全、心理健康和网络行为的知识。他们的专业见解可以为大学生提供更深入的认识。

**4. 实际案例分析**

通过分享真实的网络案例，学生可以更深入地理解网络行为的后果和影响。这种实践案例的教学方法可以帮助学生更好地认识网络世界的现实挑战。

**5. 游戏化教学**

利用游戏化教学的方法，设计有趣的网络安全和网络健康意识教育活动，不仅可以提高学生的参与度，还能够更加生动地传达知识。

**6. 合作与互助**

鼓励学生进行合作学习和互助交流。学生之间可以分享自己的网络经验和知识，从而建立一个互相学习的平台。

**7. 创建信息分享平台**

创建一个专门的在线平台，为学生提供网络安全和心理健康方面的资源和资讯。这个平台的内容可以包括文章、视频、课程等，随时供学生查阅。

**8. 学校规范制定**

学校应该制定明确的网络使用规范，规定学生在校园内的网络行为准则。这有助于营造一个积极健康的校园网络环境。

**9. 家庭与学校合作**

家长和学校应该保持紧密的沟通，共同关注学生的网络行为和习惯。家长可以在家庭中延续健康网络意识教育，使之与学校的教育相互补充。

综上所述，大学生健康网络意识教育需要从多个方面综合考虑，采取多种教学方法和手段，以提高学生的网络素养、自我保护意识和道德观念。

# 第二节　大学生创业心理及其积极心理品质培育

当前，我国已经把鼓励和培养大学生创业作为发展高等教育的一大方向，大学生也已经成为创业时代的弄潮儿。在这样的背景下，大学生应从心理上转变就业观念，从被动走向主动，结合自己所学知识自主创业，对创业心理有基本的认知。大学生只有拥有积极的创业心理品质才有可能取得创业的成功。

## 一、创业心理的认知

创业心理是指和创业有关的心理活动和心理内容，具体而言就是创业者在创业活动中所进行的与创业有关的各种心理活动以及具备的对创业活动有显著影响的各种心理和人格特点等。

### （一）创业心理学理论分析

创业心理学理论是建立在心理学理论基础之上的，研究和探讨创业者心理的理论。概括而言，最具有代表性的创业心理学理论主要有以下方面。

**1. 马斯洛需要层次理论**

马斯洛把人类的需要划分为生理需要、安全需要、爱和归属的需要、尊重的需要和自我实现的需要五个层次。

（1）生理需要。生理需要是指人类对水、食物、空气以及睡眠等最基本的需要，这种需要是人类最原始的和最基本的需要，如果得不到满足，人类的生存就成了问题。换言之，生理需要是人类最强烈的需要，也是推动人类进行其他活动的最强大动力。

（2）安全需要。安全需要是比生理需要高一级的需要，生理需要得到满足以后就要保障这种需要了，它表现为人们要求稳定、安全、受到保护、有秩序、能免除恐惧和焦虑等。每一个在现实中生活的人，都会产生需要安全感、自由和防御实力的欲望。

（3）爱和归属的需要。当人们的生理需要和安全需要得到满足之后，归属与爱的需要就会产生，这种需要比生理需要和安全需要更细微、更难捉摸，是指个人渴望得到家庭、团体、朋友、同事的关怀爱护和理解，是对友情、信任、温暖、爱情的需要。这种需要与个人的经历、性格等都有关系。

（4）尊重的需要。尊重的需要包括自我尊重、自我评价以及尊重别人三种。尊重的需要很难能够得到完全的满足，但只要得到最基本的满足就足以产生推动力。

（5）自我实现的需要。自我实现的需要是马斯洛需要层次理论中最高级的需要，是一种创造性的需要，满足这种需要要求个体完成与自己能力相当的工作，充分发挥自己的潜力，努力成为一个自己期望成为的人。有自我实现需要的人总是能尽自己最大的能力去提升自己，以成为更好的自己。

**2. 斯皮尔曼的能力二因素说**

斯皮尔曼是英国著名的心理学家和统计学家，他根据人们完成智力作业时成绩的相关程度，提出了能力由以下两种因素组成。

（1）普通能力或普遍因素（G 因素）。普通能力或普遍因素是人的基本的心理潜能（能量），是决定一个人能力高低的主要因素。正是由于这种因素，人们在完成不同智力作业时的成绩才会出现某种正相关。

（2）特殊能力或特殊因素（S 因素）。特殊能力或特殊因素是保证人们完成某些特定的作业或活动所必需的条件。由于这些因素的作用，人们的作业成绩才没有完全成正相关。人们在完成任何一种作业时都有 G 因素和 S 因素两种因素参加。活动中包含的 G 因素越多，各种作业成绩的正相关性就越高；相反，包含的 S 因素越多，成绩的正相关性就越低。

**3. 成就需要理论**

美国哈佛大学教授戴维·麦克利兰提出了著名的三种需要理论。他认为人们在生理需要得到满足以后，还有三种高层次的需要，即成就需要、权力需要和亲和力（归属）需要。同时，他认为成就需要的高低对人的成长和发展起着十分重要的作用，所以该理论又称成就需要理论。成就需要是指希望能够做得更好的需要和欲望。权力需要是指影响或控制他人且不受他人控制的需要。亲和力（归属）需要是指建立友好亲密的人际关系的需要。

对于个体而言，三种需要可能同时存在，但在不同时期会因需要强度的不同形成不同的优势需要，其中具有强烈的成就需要的个体是高成就需要者。

### （二）创业心理的形成过程

创业心理具体的形成过程分为以下阶段。

（1）信息和知识的潜隐过程。个体接收的信息（知识和经验等）刺激大脑，如果刺激足够强烈，就会形成相应的意识。如果不够强烈，信息的刺激有时会受到抵制，以致完全消失；有时没有受到抵制，则转化为一种信号，潜隐在大脑某个区域，并可能发生转变，改变原有信息的形式或结构，或与其他潜隐信息发生反应，进行交汇、融合。

（2）问题的提出。受外界因素的驱动，主体产生了达到某种目的的期望，这种期望触发了神经系统，使之处于兴奋、紧张或焦虑的状态，并可能表征到外部，但更多的是表征于内部。至此，不同阶段潜隐的或潜隐交融后产生的新信息被诱发出来，同时还有可能触及潜意识中其他的信息。这些信息或积聚，或混合，或交融，整个过程是有序的、有方向的。这种交融、整合过程之所以能够实现，是由于人的第二意识状态具有较高的自组织能力，即自动加工能力，这种自动加工过程完成后，才能进入信息整合阶段。

（3）信息整合。经过交融和整合，各种具有方向性的信息将人的第二意识状态唤醒、激活，这促使不同时期潜隐的信息进行有目的、有意识、系统化的自组织过程，即创造心理要素被个人的心理机能所驱动。

从创业心理形成的过程来看，个体要提高创业的成功概率，必须研究人的心理的主要影响因素。

### （三）创业者的心理品质

概括而言，创业者需要具有以下心理品质才有可能取得创业的成功：

（1）目标性。目标性确保创业者能够在漫长的奋斗过程中保持清晰的方向和动力。创业旅程常常充满了挑战和变数，而明确的目标能够为创业者提供指引，帮助他们克服困难，保持积极的态度并朝着事业的成功稳步前进。

（2）敢为性。创业的价值就在于创造出独特的东西，而独特东西的创造一定要敢为，所以，创业者一定要具有敢为性的心理品质。敢冒风险是理智基础上的大胆决断，是自信前提下的果敢超越，是对新目标的不断追求。

（3）坚定性。坚定性是指创业者要具有坚定的创业信念，坚定的创业信念是由创业成功的自信心、创业的责任感和在逆境中创业的心理准备构成的。第一，对创业者而言，信心就是创业的动力。要对自己有信心，对未来有信心，要坚信成败并非命中注定，而是依靠自己努力，更要坚信自己有能力战胜困难。第二，创业者要有虽然身处逆境，却能拼力抗争、不断追求的精神，这样才有可能创业成功。

（4）合作性。创业活动通常不是单个人的活动，一般需要团队的配合，所以，创业者一定要具有合作性的心理品质。成功的创业者大多数是出色的社会活动家，他们善于与各种人打交道，积极主动地与人交流、交往、合作、互助。通过合作，取长补短；通过交流，获得信息；通过沟通，排除障碍，化解矛盾，提高效率，增加信任，这样才有助于创业的发展。

## 二、大学生常见的创业心理问题

### （一）创业动机偏差

部分大学生的创业动机存在偏差，具体表现在以下两方面。

（1）创业有趣型。一些大学生把有趣作为创业的理由，但在真正的创业中，疲惫、压力和惶恐要远远大于有趣。所以，大学生要想创业，一定要有正确的创业动机，只有这样，才有可能取得成功。

（2）缓解就业压力型。一些大学生为了缓解就业压力而选择创业，认为创业是缓解就业压力的路径，如果为了就业而创业，那么创业的价值得不到体现，创业成功的可能性也相对较小。目前，我国鼓励大学生创业的部分原因是为缓解就业压力所带来的社会问题，但这不是大学生创业的宗旨。

### （二）创业认知偏差

部分大学生的创业认知存在偏差，概括而言，这些认知偏差主要包括以下方面。

（1）自卑。自卑感人格主要来自大学生低估自己，怀疑自己的能力，不能正确对待自己。自卑的人常有紧张和不安的心理压力，总是强调创业失败的各种原因，如缺乏资金、缺少帮助、经验不足、信息不畅等。自卑的人还表现在对前途缺乏信心，总认为社会的不公平阻碍自己的创业发展，自卑是创业的最大障碍之一。

（2）认为创业会失去自尊。一些大学生对创业成功的人心存崇拜之情，但又觉得自己上大学的目的是为了找到适合自己的好工作。他们认为如果大学毕业之后连工作都不找就去创业会很没面子，会让家里的亲戚朋友觉得自己是一个连工作都找不到的人，是迫于无奈才自己去创业。

（3）害怕创业风险。创业是存在风险的，这就要求创业者在创业之前对自己的产品或服务的市场进行详细的调查，这样才能最大限度规避风险，而不是一味害怕出现风险。

### （三）创业心理适应能力差

创业心理适应能力差是大学生创业中常见的一种心理问题，主要表现在以下方面。

（1）担心失去私人生活空间。对于大学生而言，要创业就意味着一整天都要想着自己的生意，失去很多私人生活，没有休闲和聚会时间，没有时间陪伴家人。一旦开始为自己打工，在创业的初期将会很忙，能力差的大学生会很快失去私人生活空间。

（2）不善于应付突发事件。大学生在创业之初都会遇到各种各样的突发事件，这就需要大学生创业者拥有应对突发事件的能力，而许多大学生创业者由于缺乏社会经验，往往不善于应对突发事件，遇到一些问题时往往容易惊慌失措。

(3) 具有急功近利心理。一些大学生对创业拥有较高热情，对成功的期望值很高，但也正因为这种对事业的追求而容易出现急功近利的倾向。这种心理现象具体表现为不想耗费太多的精力、物力、财力，总想以小博大，总是希望事半功倍。但是，创业过程总会遇到各种各样的问题和困难，创业者碰到不顺时也就很容易失望、失落。还存在这样的情况，大学生创业者因为急于成功，拼命工作，不断地给自己施加压力，在各个方面都苛求自己，结果常常心有余而力不足，面对失败时又倍感失望，这很容易诱发抑郁症、自闭症等心理障碍。有急功近利创业心理的大学生，通常凭愿望和热情创业，自我期望过高，但遇到问题又经常手足无措。

(4) 具有畏惧失败心理。有这种心理的人，不喜欢冒险，不喜欢竞争。部分大学生也许曾经有过创业的想法和念头，甚至将创业计划都落到纸上了，但因为害怕失败，害怕自己承担不了失败的后果而放弃了创业。所以，畏惧失败是阻碍创业的一大心理障碍。

## 三、大学生创业积极心理品质的培育

### （一）大学生创业积极心理品质的主要内容

大学生的创业积极心理品质通常而言会包括以下方面的内容。

**1. 积极的认知品质**

认知既是人的一种基本心理活动，也是人在感觉、知觉、记忆、想象、思维和语言等的参与下对外界事物进行认识的过程。同时，认知会因个体差异而有所不同，即不同的人在面对相同的外界刺激时会形成不同的认知。对于大学生而言，要想创业成功，具有积极的认知品质十分重要。这是因为，大学生只有具有了积极的认知品质，才能正确地认知与悦纳自己，既认识到自己的优点和长处，也能理性对待自己的缺点与不足，并积极进行自我完善；才能在创业过程中既看到有利的一面，又看到不利的一面，并自觉地从积极有利的方面解决问题。

**2. 坚强的意志品质**

创业是一项有挑战性的活动，其间会经历各种各样的问题和挫折，甚至是失败。而大学生要想在这样的创业过程中正确解决问题、克服挫折，就必须拥有坚强的创业意志。

**3. 坚定的信念品质**

大学生在毕业后，大部分会直接进入社会，走向工作岗位。但在当前，我国大学生就业形势十分严峻，国家为有效解决就业问题积极鼓励大学生进行自主创业。在这一形势之下，对大学生进行创业信念教育，使其树立创业意识、积极主动进行创业就显得极为迫切。同时，大学生只有具备坚定的创业信念，才能形成积极的创业心理状态，继而使自己的创业潜能得到有效发挥。

**4. 积极的情绪品质**

积极的情绪，往往能够产生正向的价值，因而是人的一种正能量。根据相关研究，一个善于对情绪进行处理并能觉察别人情绪的人，往往能理性地控制自己的冲动，继而在创业过程中有效地进行人际交往，并获得他人的支持。因此，大学生要想成功创业，具有积极的情绪品质也是十分重要的。

### （二）大学生创业积极心理品质的重要意义

对于大学生创业者而言，具有积极心理品质十分重要，具体而言表现在以下方面。

**1. 有助于大学生顺利进行创业**

大学生在进行自主创业活动时，要想成功，必须具备较高且较为完备的素质。而培养大学生积极的创业心理品质，可以使大学生的素质结构更加完善。此外，培养大学生积极的创业心理品质，可以使大学生的社会综合竞争能力得到提升，继而能够帮助其不断完善知识结构、主动寻找并果断把握创业机会、理智面对创业过程中出现的问题和挑战，继而实现成功创业。

**2. 有助于大学生更好地适应时代发展的要求**

当今时代是知识经济的时代，社会发展对于知识的依赖性越来越大。现阶段，我国的企业要想继续生存下去，就必须不断地采用新的技术，创造出应用新科技成果的产品。要实现这一点，就需要培养出掌握新技术和新技能、拥有创业能力的大量人才。而在对大学生的创业能力进行培养时，必须遵循一定的要求，使大学生具有积极的创业心理品质。只有这样，大学生在进行创业时才能制定合理的目标，形成积极的创业心态、坚定的创业意志和创业信念、鲜明的创业个性，继而可能在创业中获得成功。

### （三）大学生创业积极心理品质的培育

大学生创业者在追求创业梦想的道路上，培养积极的心理品质至关重要。积极的心态可以帮助他们克服困难、适应挑战，并持续保持前进的动力。以下是关于培育大学生创业积极心理品质的一些内容。

#### 1. 培养乐观态度

乐观是积极心理品质的核心。大学生创业者应该学会从积极的角度看待问题和挑战，相信自己有能力克服困难，并将失败视为学习和成长的机会。乐观的态度能够帮助他们保持积极的心态，不轻易放弃。

#### 2. 培养自信心

自信是成功的基石。创业者需要相信自己的能力和价值，相信自己有实现目标的能力。通过不断的学习和实践，大学生创业者可以逐渐积累自信，从而更加果断地追求机遇，应对挑战。

#### 3. 培养适应能力

创业过程中变数多端，大学生创业者需要具备良好的适应能力。他们应该学会在充满不确定性的环境中灵活应对，调整策略和计划，寻找新的机会。适应能力的培养能够帮助他们在不同情况下保持冷静，迎接未知的挑战。

#### 4. 培养耐心与毅力

创业是一个长期的过程，成功往往需要时间的积累。大学生创业者需要培养耐心，不急于求成，同时也要具备毅力，坚持不懈地追求目标。面对起伏和难题，他们应该保持冷静，坚持走下去。

**5. 培养团队合作意识**

在创业过程中，与团队成员的合作不可或缺。大学生创业者应该培养合作和协调的能力，尊重团队成员的意见，追求共同的目标。

**6. 培养持续学习的意识**

大学生创业者应该保持持续学习的态度，不断充实和增进自己的知识和技能。这不仅有助于他们更好地应对市场变化，还可以提升自身的竞争力和适应性。

总而言之，大学生创业者在创业过程中培育积极的心理品质至关重要。这些品质能够帮助他们在不断变化的环境中保持积极的态度和适应能力，从而更好地实现自己的创业目标。

## 第三节　大学生心理危机与积极心理干预

大学生是国家综合国力竞争中的重要人才，对于祖国未来的发展起着至关重要的作用。但是，大学生的成长并不是一帆风顺的，他们总会遇到情感、学业等方面的危机。对于大学生遇到的危机，如果不及时加以引导，就会导致其产生各种各样的心理问题，从而影响其健康发展与未来成才。因此，必须高度重视大学生的心理危机，并对其进行积极干预。

### 一、大学生心理危机分析

危机一词有着较为广泛的外延，人类在生活的各个方面都存在着危机，有的危机是可以表现出来的，有的危机则是潜藏隐匿的。在当代社会的背景下，任何事物的存在与发展都有一定的危机，如人口危机、环境危机、能源危机、经济危机、文化危机、道德危机、信仰危机等。

关于心理危机的概念，有以下不同观点：第一，心理危机主要是由于个体在面临重大的或是突发的生活打击时，内心出现失衡而产生的。第二，心理危机是指当个体面临困境但其惯常的应对方式和支持系统不能处理该困境时，其意识、行为和情感方面出现功能失调，产生不平衡的心理状态或心理反应。综上所述，心理危机是个体心理失衡的表现，这种表现主要集中在人的精神领域，表现出来的就是精神上的困扰、忧虑、失常，长此以往，易形成心理障碍。

### （一）心理危机的分类

引起心理危机的因素有很多，因此心理危机的分类也有很多种。归纳而言，心理危机主要分为以下几类。

#### 1. 发展性心理危机

发展性心理危机是指日常生活中出现的变化和选择等冲突所引起的不良反应，如升学、就业、结婚、工作等诱发的危机。这类危机是正常的、不可避免的，也是每个人都会遇到的心理危机。此外，这类心理危机的危机时期比较短暂，但变化急剧。如果能顺利度过这种危机时期，将会促进个体的心理发展，帮助个体获得更大的独立性，有效提高个体的人际关系协调处理能力。

#### 2. 境遇性心理危机

境遇性心理危机是指个人无法预测和控制，或罕见的、突然发生的事件所导致的危机。例如，突发的外部事件而引起的情绪和行为失调。这种心理危机具有随机性、突发性，在大学生心理危机中也占据较大的比重。

#### 3. 病理性心理危机

病理性心理危机主要指个体因为身体疾病而产生的心理失衡现象，伴随着这一现象常常会出现焦虑、精神分裂等心理疾病。

#### 4. 存在性心理危机

存在性心理危机是指由重要的人生问题所带来的危机和冲突。这种危机可能由现在的实际情况引起，也可能由对自己过去的不满所引起。在高校中，许多大学生开始思考人生的目的、责任、自由、独立性等深度问题，但由于认知水平有限而常常陷入空虚、无望的状态，并因此表现出无希望、无能力、无作为的感觉，这很容易导致抑郁，进而诱发心理危机。

## （二）心理危机的特点

### 1. 易发性与潜在性

易发性与潜在性是心理危机的重要特点，而在大学生群体中，这一特点表现得尤为突出。原因在于大学生普遍处于18～25岁的年龄段，在这个时期，他们的心智尚未完全成熟，正处于向成熟阶段过渡的时期。因此，如果一些小问题不能及时处理，很可能会迅速演变为严重的心理危机。这显示了大学生心理危机易发性的显著特点。此外，大学生通常不会直接表露其内心的问题，而是将问题深埋在内心深处。只有在面临一些突发性事件时，这些问题才可能会形成心理危机。因此，大学生的心理危机还具有潜在性，可能会随时出现。

### 2. 危险与机遇并存

心理危机是一把双刃剑，它在产生危险的同时，也存在着一定的机遇。心理危机可能使个体产生严重的不适感，引起急性情绪紊乱，如焦虑、烦躁、恐惧、抑郁等；也可能使个体产生注意力不集中、记忆障碍等认知改变，严重者会产生过激行为。但是，在面对危机的时候，个体一般都会积极地寻求帮助，努力地调适自我，这就是心理危机所提供的成长契机。例如，在伴随心理危机的不平衡中，人总是具有某种焦虑情绪，这种情绪导致的不舒适为个体的成长和变化提供了动力。个体如能有效利用这一机会，及时调整，适应变化，就能形成动力，提升自己的心理健康水平，实现成长与改变。

之所以有机遇，主要是因为在理想的情况下，个体能够依靠自己的心理能量与社会支持系统度过危机。在这一过程中，个体会产生积极的心理变化，从危机中获得成长。当然，个体的认知不同，面对危机的反应也就不同。有的人在危机开始之初心理就难以承受，加上没有得到及时有效的帮助，他们不仅得不到成长，而且还会走向更加艰难的境地。

### 3. 复杂性与系统性

心理危机是由多种因素共同作用导致的，因此具有一定的复杂性。在大学阶段，大学生面临着多方面的挑战，如学业、爱情、专业技能、事业发展等。与此同时，他们也承受着来自社会和家庭的巨大压力，需要作出许多关键性决策。在这种复杂的处境下，一旦面对问题和选择时处理不当，就可能引发各种心理危机。

大学生所面临的问题、选择和机遇都相互关联，构成了一个复杂的系统。例如，个人的情感状态可能影响到职业发展的选择，而职业发展的变化可能反过来影响个人的情感状态。这些层面之间存在着相互作用和相互影响的关系，使得心理危机变得更加综合和系统化。此外，大学生心理危机背后的原因也极其复杂。这些原因可能涉及个人的性格特点、家庭环境、社会压力、自我期望等多个方面。这些因素交织在一起，形成了引发心理危机的复杂网络。

### （三）心理危机的发展阶段

心理危机的产生不是一蹴而就的，它需要经历一个过程。而且，心理危机发展的时间也是不相同的，短时间的需要 24～36 小时，长时间的为 4～6 周。心理危机的发展具体可分为三个阶段。

第一，当个体对未来的生活充满不安时，他们的内心就处于一种失衡的状态，警觉性会提高，开始产生紧张的感觉，在这个阶段，个体通常是一种封闭的状态，不愿意向他人透露自己的焦虑，而是采用自己习惯的方式对之进行处理，想要重新找回心理平衡。

第二，当个体采用自己习惯的方式解决问题时，常常达不到理想的效果，所以他们在原来问题的基础上又增加了新的焦虑，并且想尽各种办法试图解决问题。然而，效果并不明显，高度紧张以及焦虑的情绪会影响他们的冷静思考，使其使用的各种办法都对解决问题没有较大的帮助。

第三，当个体努力地使用各种办法解决问题而没有成功时，他们的焦虑感又会进一步增加，渴望寻找新的方法来解决问题。在这个阶段，他们不再是自我封闭的个体，而是积极地寻求他人的帮助，希望通过他人的指点找到新的途径。

### （四）心理危机产生的原因

#### 1. 个体与自我产生冲突

个体与自我产生冲突是个体产生心理危机的自身方面原因。以大学生为例，其所面临的个体与自我的冲突主要表现在以下两个方面。

（1）大学生内心的矛盾冲突。大学时期是个体成长的特殊时期，大学生的心理发展也进入了特殊的阶段，他们的心理处于一个失衡的状态，甚至在其内心中也存在本我与他我的冲突斗争。这种冲突斗争主要是由现实与理想之间的差距、依赖性与独立性的共存以及理性与非理性的交织引起的。

（2）大学生的人格发展不够完善。大学生正处于由不成熟向成熟过渡的时期，这决定了其人格发展尚未健全。关于这一点，从大学生对待问题的表现就可以看出来。部分大学生只关注表面现象，过分依赖他人，性格内向，不够自信，做事瞻前顾后；还有部分大学生则行为冲动，情绪容易激动等。这些类型的大学生比较容易产生心理危机。

**2. 个体与他人缺乏联系**

很多个体将自己置于封闭的环境中，即使有心理问题也不愿向周围的人倾诉，获得来自他人的帮助。长此以往，他们的承受能力越来越差，必然会引发心理危机。造成这一问题的原因，主要有3个方面：①个体存在人际关系适应不良或交际困难；②个体遭遇了失恋等情感问题；③个体缺乏心理支持系统。

**3. 个体与环境产生冲突**

环境是由多种要素组成的，因此个体与环境的冲突也表现为多个方面，如个体与学校环境的冲突、个体与家庭环境的冲突、个体与网络环境的冲突、个体与社会环境的冲突等。其中，网络环境所营造的虚拟世界，使很多大学生沉溺其中、不能自拔，甚至有些大学生长期沉溺于网络，以致分不清虚拟与现实。

### （五）心理危机的评估

评估心理危机是对个体进行心理危机干预的基础，有利于帮助个体顺利地度过心理危机。

**1. 心理危机评估的主要内容**

心理危机评估必须包括以下方面的内容。

（1）紧急程度的评估。紧急程度的评估主要包括3个方面：①危机严重程度的评估；②求助者或他人是否存在生命危险；③危机根源的认定，即影响个体出现心理危机的到底是危机事件本身，还是在处理危机事件过程中出现的状态，还是社会文化等因素。

（2）危机状况的评估。在实施危机干预措施之前，应当对处于危机中的个体进行综合状况的评定，如危机面临者的认知状态、情感反应、行为改变的程度以及躯体反应方面的表现等。具体而言，个体处于心理危机时的综合状况通常有4个表现：①出现心理危机的人常表现为注意力不集中、缺乏自信、无法作决定、健忘、效能降低、不能把思想从危机事件上转移等；②出现心理危机的人常表现为肠胃不适、食欲下降、头痛、疲乏、失眠、做噩梦、容易受到惊吓、感觉呼吸困难或窒息、有梗塞感、肌肉紧张等；③出现心理危机的人常表现为害怕、焦虑、忧郁、悲伤、易怒、无助、紧张、不安、烦躁、过分敏感或警觉、无法放松、持续担忧等；④出现心理危机的人常表现为社交退缩、逃避、疏离、不敢出门、容易自责或怪罪他人、不易信任他人等。

**2. 心理危机评估的具体方法**

（1）与被评估者建立良好的咨访关系。在进行心理危机评估时，与被评估者建立良好的咨访关系是极为重要的一步。在心理危机的评估过程中，评估者一般都需要与被评估者进行沟通，以了解具体情况。如果关系处理不好，被评估者要么就不配合评估，使评估难以继续，要么就作出假的叙述，使评估者难以区分。因此，评估者应采取适当的手段来调节双方情绪，建立良好的咨访关系。

（2）进行心理测验。通过咨访、个体自述等方式进行心理评估时，有些个体会有意无意地回避，甚至欺瞒、否认一些问题与想法。针对这一情况，评估者可通过明尼苏达多相人格调查表（MMPI）、卡特尔16项人格问卷（16PF）、艾森克人格问卷（EPQ）、房树人投射测试等心理测验来验证被评估者的叙述，从中发现一些人格因素，从而作出正确的评估。

（3）倾听被评估者的自述。要想在评估过程中作出准确的评判，评估者必须清楚地了解被评估者心理危机产生的过程，目前的困难，有何意图、计划和行动等。除此之外，还应了解被评估者对家庭环境、成长历程的看法及应对方式等。所有这些都需要被评估者作出真实的自述，因此，评估者要当好一个倾听者，耐心倾听被评估者的自述，并适时给出合理的引导。此外，在倾听过程中，评估者也要注意 6 个方面：①要多听少说；②要倾听自述者的全部信息；③要适当地提问；④要鼓励被评估者表达感受；⑤要避免中途打断被评估者的自述；⑥要学会移情，即从被评估者的角度理解信息。

（4）与被评估者的亲密关系人进行访谈。为了验证个体自述的真实性，还有一种最直接、有效的方法就是与被评估者较熟悉的相关人，如父母、亲友、同学、教师等进行访谈。访谈是一种有目的、有计划地通过与被访谈者的面对面交谈来收集所需资料的方法。这种方法能够帮助评估者有效解释个体产生心理危机的原因。

## 二、大学生心理危机干预的理论分析

心理危机是一种认识，当个体察觉到外界环境或某一具体事件存在着威胁，仅仅依靠个体自身的资源和应对方式无法解决困难时，就产生了心理危机。心理危机具有两面性，包含着危险和机遇两层含义。如果心理危机严重影响到个体的日常生活和其家庭的其他成员，而个体又无法找到合适的解决办法，就有可能导致个体出现心理障碍，这种心理危机就是危险的。但是，如果一个人在危险阶段及时得到适当有效的治疗性干预，往往不仅会阻止心理危机的进一步发展，还可以帮助个体学习新的应对技巧，从而使个体心理恢复平衡，这种心理危机就是一种机会，因为它带来的痛苦会迫使当事人寻求帮助，从而促进个体成长。因此，必须注重对心理危机的干预。

### （一）心理危机干预

心理危机干预又称心理危机调停，是针对处于心理危机状态的个体及时给予适当的心理援助，帮助其处理迫在眉睫的问题，使之尽快摆脱困难、恢复心理平衡、安全度过心理危机。心理危机干预从心理学的角度来看，是一种通过调动处于心理危机之中个体的自身潜能来重新建立心理平衡状态的心理咨询和治疗技术，在当前受到了越来越多的关注。

**1. 心理危机干预的目的**

心理危机干预的目的，具体而言有以下方面。

（1）消除或缓解心理危机，避免当事人出现生命安全问题，如自寻短见或伤害他人。

（2）稳定并增强当事人的自主认同感，帮助当事人重拾信心，以客观积极的态度来看待当下的危机事件。

（3）提升当事人认识和处理情绪的能力，使其处于一种愉悦、平和的情感体验中，抛开一些消极、负面的情绪和想法。

（4）向当事人提供适当建议，帮助其顺利度过心理危机，并使其学会正确应对心理危机的策略与方法。

**2. 心理危机干预的原则**

在对心理危机进行干预时，应切实遵循以下原则。

（1）以人为本原则。在对心理危机进行干预时，无论事件多么复杂和多变，都必须贯彻以人为本的理念，首先确保当事人的生命安全或是第一时间抢救当事人的生命。换言之，以人为本原则要求在干预心理危机时，必须将当事人的生命放在第一位。

（2）预防为主原则。预防为主原则要求在对心理危机进行干预时，将干预的工作提前，即在当事人产生心理危机前便对其心理进行干预，继而预防当事人产生心理危机或将当事人心理危机的影响降到最低。

（3）依法处置原则。依法处置原则要求在对当事人的心理危机进行干预时，所采取的任何干预措施与干预行为都不能与国家、地方的法律法规相违背。只有这样，才能确保当事人心理危机干预结果的有效性。

**3. 心理危机干预的步骤**

本部分以大学生的心理危机为例，详细阐述对其进行心理危机干预的主要步骤。

（1）明确问题。干预者在面对处于困境或遭受挫折和将要发生危险的学生时，应首先从学生的立场出发，确定和理解学生所面临的问题。在此过程中，可通过开放式问题和积极的倾听来收集信息。有时，心理危机干预对象会透漏出与语言信息不一致的非语言信息，因此干预者一定要准确地判断问题。另外，干预者要帮助处于心理危机的学生改变不合理认知，指出其自身问题与事件和环境的关系，并围绕其核心将各方面的问题澄清，明确迫切需要解决的首要问题。对有严重问题，同时高度情绪化或防御的学生，干预者应避开回答离题太远的问题。

（2）信息报告。高校必须建立起畅通的学生心理危机信息反馈机制，在第一时间掌握学生心理危机动态。例如，发现心理危机情况者（包括学院领导、老师）应立即向班级班主任或辅导员报告，班主任或辅导员迅速向所在院系心理危机应急处理工作小组组长报告，该组长需立即向校大学生心理危机评估与干预工作办公室主任报告，办公室主任视心理危机严重程度酌情向校大学生心理危机干预工作领导小组汇报。

（3）保证安全。在实施心理危机干预措施前，学校首先应当保证干预对象的安全，要将心理危机的致死性、危险程度等降到最低。不论是检查评估还是制定行动策略，都要时刻注意安全问题。在与学生家长做安全责任移交之前，院系心理危机应急处理工作小组应对该生进行 24 小时特别监护，对心理危机特别严重者，院系心理危机应急处理工作小组组长应安排院系相关人员协助保卫人员对该生进行 24 小时特别监护，或在有监护的情况下将其送到医院治疗。

（4）通知家长。在进行即时监护的同时，学校相关院系的心理危机应急处理工作小组应以最快的速度通知监护人来校，与他们商议进一步的处理措施，此时院系要做好相应记录。

（5）进行阻控。院系对于有可能造成心理危机扩大或激化的人、物、情境等，进行必要的消除或隔绝。对于学校可调控的可能引发其他学生心理危机的刺激物，院系应协助有关部门及时阻断。当然，有时候为了提高学生的安全感，也可给学生提供相关的信息，让学生得知危机事件的始末以及目前的情况。

（6）提供支持。在提供支持这一阶段，干预人员要与产生心理危机的学生进行充分的沟通和交流，在此过程中，要采取关心、积极、接受的态度，一定要让学生认识到干预人员能够为他们提供支持和帮助。在学生充分信任干预人员的基础上，干预人员要帮助干预对象探索替代的解决方法，并转化为积极和有建设性的思维模式，让其明白还有很多可变通、可供选择的应对方式，促使其采取行动，获得社会支持。

（7）制订计划。当处于心理危机的学生做出行动，并获得社会支持后，干预人员就应与学生共同制定计划，来缓解学生情绪的失衡状态。计划的确定一定要考虑学生的实际能力，计划的内容主要包括具体的行动步骤和能提供及时帮助的其他个人、组织团体和机构。不过，有些当事人往往过分关注于解决自己的心理危机而忽略了自身有限的能力，他们会顺从干预者的计划，甚至会认为将计划强加给他们是应该的。因此，在制订计划时，干预者要让当事人明白实施计划的目的是恢复他们的自制力和自控感，而不是依赖于干预者。

（8）实施治疗。对于一般的心理危机，干预者与处于心理危机的学生应共同努力，通过所制定的具体行动步骤来逐步解除学生的心理危机；对于需住院治疗的学生，院系相关老师必须在家长的陪同下将学生送至专业精神卫生机构治疗；对于可以在校坚持学习但需辅以药物治疗的学生，院系应与其家长商定监护措施；对于一些患有严重抑郁症、有消极观念或行为的学生，要尽早转介其到专科医院治疗，使处于心理危机学生的病情迅速得到控制，防止自伤等事件的发生。

（9）获得承诺。心理危机干预的最后一个步骤就是获得承诺与保证，具体任务是帮助干预对象向干预人员承诺采取确定、积极的行动步骤。这些行动步骤必须是当事人自己愿意采取的，也是可行的。在结束心理危机干预前，干预人员应该从求助者那里得到诚实、直接和适当的承诺。

### （二）心理危机干预的重要理论

心理危机干预领域的研究尚未成熟，各种理论层出不穷。就当前而言，具有代表性的心理危机干预理论主要有以下两种。

#### 1. 基本危机理论

基本危机理论由林德曼和卡普兰等创立。该理论对理解亲人死亡所导致的悲哀性危机作出了实质性的贡献。他们认为人在经历亲人死亡后出现悲哀的行为是正常的、暂时的，可以通过短期干预技术对正常的悲哀行为反应进行干预。正常的悲哀行为包括：总回忆死去的人，表现出内疚或敌意，日常生活出现某种程度的紊乱，某些躯体的症状等。林德曼主要研究悲哀反应的及时解决，卡普兰进一步完善和补充这一理论，将其结构扩大到整个创伤事件。他认为，心理危机是一种状态，造成这种状态的原因是生活目标的实现受到阻碍，且用常规的行为无法克服。阻碍的来源既可以是发展性的，也可以是境遇性的。所有的人都会在一生的某个时候遭受心理创伤。创伤本身不构成心理危机。只有在主观上认为创伤性事件威胁到需要的满足、安全和有意义的存在时，个体才会进入应激状态。伴随着心理危机既有暂时的不平衡，也有成长的契机，心理危机的解决可能会导致积极和建设性的结果，如增加应付能力及减少消极的、自我否定性的和功能失调的行为。

#### 2. 扩展危机理论

基本危机理论没有适当地考虑使一个事件成为危机的社会、环境和境遇因素，却将个体自身的素质因素作为危机的唯一或主要因素，这显然是不合理的。扩展危机理论继承了基本危机理论，还从精神分析理论、一般系统理论、适应理论和人际关系理论中汲取了有用的成分。

精神分析理论认为，通过获得进入个体无意识思想和过去情绪经历的路径，可以理解伴随心理危机的不平衡状态。关于为何一个事件发展成为心理危机，精神分析理论假设某些学生早期的固执可以作为主要的解释。在受到心理危机情况影响时，这个理论可以帮助求助者理解其行为背后的原因。

一般系统理论主要基于人与人、人与事件之间的相互关系和相互影响，而不怎么强调处于心理危机中的个体的内部反应。

适应理论认为，适应不良行为、消极的思想和损害性的防御机制对个体的心理危机起维持的作用。该理论假设当适应不良行为改变为适应性行为时，心理危机就会消除。

人际关系理论认为，如果人们相信自己、相信别人，并且具有自我实现和战胜心理危机的信心，那么个人的心理危机就不会持续很长的时间。如果人们将自我评价的权力让给别人，他们就会依赖于别人才能获得信心。因此，一个人的控制权的丧失意味着他的心理危机会持续相当长的时间。人际关系理论启示我们应将自我评价的权力交回到自己的手中。这样做会使人获得对自己命运的控制，采取行动应对危机境遇。

### （三）心理危机干预的模式

在心理学领域内，心理危机干预的模式主要分为三种，即平衡模式、认知模式和心理社会转变模式。

#### 1. 平衡模式

平衡模式也称平衡/失衡模式，它是一种最纯粹的心理危机干预模式。该模式认为，个体在处于心理危机时，通常会呈现出心理或情绪失衡的状态，同时在这一状态下，个体原有的应急机制和解决问题的方法不能有效满足他们的当前需要。因此，利用平衡模式进行干预主要是为了尽力帮助人们重新恢复到心理危机前的心理或情绪状态。

平衡模式确实能够起到缓解痛苦、调节情绪、调整社会关系、整合人际系统、引导正确态度、恢复心理平衡状态等作用。此外，平衡模式常被应用于心理危机干预的起始阶段。

#### 2. 认知模式

心理危机干预的认知模式的提出，主要是基于这样一种认识：心理危机并非源于事件本身或是与事件、心理危机相关的事实，而是源于对事件和围绕事件的境遇的错误思维。因此，这种模式强调改变思维方式，尤其是通过改变认知中的非理性和自我否定部分，实现对理性的获得，并强化理性和自强的部分，控制自我生活，进而控制心理危机。

利用认知模式能够使心理危机当事人进行自我干预，即通过自我说服，消除旧的、否定的认知，思想重新获得积极的肯定，实现对自我生活的控制。同时，认知模式最适合应用于心理危机稳定下来并回到接近心理危机前平衡状态的求助者。

**3. 心理社会转变模式**

个体处于不断发展与成长过程之中，个体赖以生存的社会环境也处于不断变化之中，因此心理危机的消除需要个体与环境共同作用，这就出现了心理社会转变模式。该模式主要应用于心理危机干预的中后期，是对稳定下来的心理危机求助者的干预模式。

心理社会转变模式不认为心理危机是一种单纯的内部状态，该模式要求涉及个人以外的环境，考虑需要改变的系统成分。同伴、家庭、职业和社区是影响心理危机的几个外部维度，但影响心理危机的外部因素远不止于此。对于某些类型的心理危机，除非影响个体的社会系统也发生改变，或个体与系统相适应，或个体懂得这些系统的发展变化规律及他们如何影响个体对心理危机的适应，否则难以获得解决。与认知模式类似，心理社会转变模式最适合于已经稳定下来的心理危机求助者。

## 三、大学生常见的心理危机与心理危机的预防

大学生由于其特定的年龄、社会角色、成长任务以及生活、学习环境等因素，不可避免地成为心理危机的高发群体。心理危机对大学生的学习与发展，对学校的正常管理和教学秩序会造成不良影响，因此了解大学生常见的心理危机对有效预防大学生心理危机具有重要意义。

### （一）大学生常见的心理危机

在心理危机的易发人群中，大学生是不能被忽视的一个群体，

所以应高度重视大学生的心理危机。一些大学生面临内心不能承受的困难，一些大学生由于过度的担心而导致抑郁、焦虑，甚至在心理上不能自拔、失去控制。大学阶段是个体成长的重要时期，也是他们从学校向社会过渡的关键阶段。因此，他们面临着各种多变的环境，心理也就容易产生各种各样的问题。此外，因为大学生的学校生活具有群集性以及群体构成的同质性等特点，所以大学生的许多行为都有互相“传染”的特点，这就使得大学生心理危机的处理变得至关重要，如果不能运用正确的方法对大学生的心理危机加以干预指导，心理危机就很可能会扩散蔓延，从而影响大学生的心理健康成长。大学生常见的心理危机主要有以下几种。

**1. 成长危机**

在大学生的心理危机中，成长危机是必然会出现的一种。通常而言，成长危机会出现大学生成长过程中面临某些重大转变时。大学生已经进入青年中期，正处于生理发育基本成熟和部分心理发展相对滞后的特殊时期，人生价值观逐渐形成，心理状态还不够稳定，容易受到外界各种各样的影响而产生不同程度的心理危机。例如，刚进入大学的新生可能对环境不适应，班级、宿舍等的调整都可能引发其心理危机。

**2. 学习危机**

学习是大学生的主要任务，但有的大学生对自己所报考的专业不了解，在学习专业课程时，精神不充足，内心感到苦闷和不知所措。有的大学生学习方法有问题，耗用较多时间参加各类证书考试，结果总是以失败告终，精神长期过度紧张，每天精神恍惚，感受着学习方面的巨大压力，甚至出现强迫、焦虑等心理疾病。

**3. 人际关系危机**

大学生的心理健康状况，会受其人际关系状况的影响，换言之和谐的人际关系是大学生保持心理健康的重要条件。但是，部分大学生存在人际关系危机，即大学生在与他人相处和交往的过程中表现出的不适、自闭、逃避、自恋、自负以及难以调和的不良心理状态和行为表现。大学里，来自全国各地或者世界各地的同学汇聚在一起，每个人具有不同的家庭背景、性格、价值观、生活习惯、兴趣等，这些不同可能会带来摩擦冲突，如果得不到妥善的解决，就会诱发人际关系上的危机，不利于大学生的心理健康和全面发展。

**4. 情感危机**

当大学生在感情上受到突如其来的打击，以致其无法控制自己的情绪，从而不能冷静、全面、客观地思考问题，甚至无法维持正常的学习与生活时，就说明大学生遇到了情感危机。情感危机可能使大学生产生极度的悲痛、烦躁等消极情绪，大学生在这样的消极情绪下，极易失去理智，不能对事情进行正确判断。

**5. 就业危机**

随着高校的扩招以及社会竞争的加剧，大学生就业越来越困难。有的大学生看不到自己的前途，尤其是那些学习成绩不够突出、其他方面的能力又不强的学生，他们面临的就业压力更大，整天忧心忡忡，表现出严重的危机感。有的大学生为了适应市场经济对人才的需求，不断给自己施加压力，强迫自己在努力学习专业课程的同时，耗用大量时间、人力、财力学习热门专业知识，让自己长时间处于紧张状态，不能用正常的心态面对失败。

### （二）大学生心理危机的预防

大学生心理危机是指大学生先前处理危机的方式和惯常的支持系统不足以应对眼前的困难处境而导致个体产生不良心理状态及行为表现。大学生心理危机的解决需要社会、家庭、学校和个人的共同参与和努力。只有各方面共同努力和参与，才能为促进学生的健康成长、家庭的幸福美满、学校的稳定发展、社会的安定和谐作出贡献。

**1. 从社会视角进行大学生心理危机预防**

每个生活在社会中的个体，都不可避免地受到社会环境的影响，如果这个环境稳定、言论自由、法律公平公正、经济繁荣发展、文化欣欣向荣，生活在这个环境中的个体会体验到安全感、幸福感，对社会生活充满积极正面的态度；反之，则令个体对现实生活失去信心甚至产生报复社会的心理。因此，净化社会环境，营造一个有利于学生健康成长的环境，对防范大学生心理危机起着重要的作用。具体而言，可从以下方面着手。

（1）积极为大学生营造公平的就业环境。自改革开放之后，我国迎来了一个更加自由开放的时代，个体对于职业的选择也更具多样性，但是受到社会偏见、家庭背景等多种因素的影响，仍有许多不公平存在。不公平的就业环境导致大学生产生很多消极的情绪，最终导致心理危机事件的发生，所以社会需要给大学生创造一个公平公正的就业环境。

（2）加强危机干预的社会服务。积极鼓励设立由专业人员组成的危机干预服务机构，出台相应的扶持政策，使危机干预服务成为一项普及的社会服务，从而及时、有效地遏制一些心理危机事件的发生。

（3）加强心理危机相关知识的宣传。积极向大学生进行心理危机相关知识的宣传，并加强对大学生的心理健康教育，以切实提高大学生对心理危机的认知，并帮助他们掌握相应的心理危机解决办法。

**2. 从家庭视角进行大学生心理危机预防**

大学生在进入校园后，虽然离开了父母，开始独立生活。但是，大学生的学习与生活，仍会受到家庭的影响。因此，塑造良好的家庭氛围，完善家庭教育功能是预防大学生心理危机产生的一个重要举措。具体而言，需要做好以下方面的工作。

（1）加强自我学习。父母要不断学习新的知识，掌握科学的家庭教育理论，以更好地对孩子进行教育，察觉孩子的心理变化，预防其发生心理危机。

（2）引导帮助孩子走出心理危机。父母在孩子出现了心理危机或是孩子有出现心理危机的倾向时，不能一味地责怪孩子，也不能对孩子的行为听之任之，而是要对他们晓之以理、动之以情，引导孩子认清善恶美丑，让他们感到亲情的温暖，帮助和鼓励他们走出困境。

（3）积极与学校配合。父母在孩子出现了心理危机时，要积极与学校配合，加强对孩子的心理教育与辅导，引导其养成健康的心理，消除或最大限度减少危机事件给孩子造成的心理阴影。

**3. 从学校视角进行大学生心理危机预防**

大学生的时间几乎都在学校度过，因此学校对大学生的心理健康发展负有重要的责任。具体而言，学校为预防大学生心理危机，可以采取以下有效的措施。

（1）营造有利于大学生身心健康发展的校园文化环境。大学生的学习与生活，都是在大学校园中进行的，而且大学校园的氛围对于激发大学生的学习热情、陶冶大学生的情操、净化大学生的心灵、引导大学生身心的健康发展等具有重要的影响。因此，学校可以通过营造优良的校园文化环境，充分发挥校园文化积极向上的功能，将不良思想控制在萌芽状态，从而预防大学生心理危机的产生。具体而言，高校可从以下两方面着手进行校园文化环境的建设。

1）开展丰富多彩的校园文化活动，加强校园文化建设。学校可通过良好的校园文化来缓解大学生的心理压力，促进大学生人际交往的发展，锻炼其社会实践能力，培养其积极向上的生活态度，使大学生形成良好的个性。

2）对大学生中的特殊群体提供实质上的帮助或心理上的支持。例如，为贫困大学生办理助学贷款、提供勤工俭学岗位等，帮助贫困生减轻因经济拮据带来的心理压力；对即将毕业的学生加强就业指导，保证就业信息渠道的畅通，以减少毕业生就业压力。

（2）加强教师的言传身教。不合理的教师评价机制不利于高校教师追求更高的学术成就，也不利于培养大学生正确的世界观、人生观和价值观。因此，高校应当改革教师选用、评价机制，强化师德建设，倡导教师以高尚的人格、规范的言行熏陶、影响学生，真正承担起向学生传授科学知识、教会学生如何做人的重任，以言传身教为学生树立正面的榜样。

（3）加强对大学生的生命教育。生命教育指的是通过教育学生认识生命的起源、发展以及终结，从而使学生认识到生命的可贵，帮助他们树立健康、积极的人生观，使得他们在正确的社会指引下健康地发展。生命教育是一种人文教育，也是一种精神教育，更是一种唤醒人类心灵的教育。

对大学生进行生命教育，主要目的就是让大学生学会珍惜生命、懂得生命的意义和价值。明白了这一道理，大学生才会努力创造生命的价值，自觉地提升生命的意义。具体而言，对大学生的生命教育需要包括生命意识教育，即帮助大学生形成正确、科学、完整的生命认识，形成对生命的珍惜、热爱、敬畏、尊重与欣赏，并主动地维护生命权利；和谐意识教育，即帮助大学生形成和谐意识，学会与他人、与自然界和谐相处；忧患意识教育，即提高大学生面对挫折的勇气，进而战胜困难，摆脱心理危机。

（4）建立健全心理危机干预组织机构。高校建立健全心理危机干预组织机构，对于预防大学生心理危机起着重要作用。一方面，要组建大学生心理危机干预领导小组。大学生心理危机干预领导小组可以由校领导担任组长，学生处、保卫处、校医院、宣传部、后勤集团、院系等单位的负责人担任组员。领导小组全面规划并指导全校的心理危机干预工作。设立这一组织机构有助于督促校内有关部门认真履行心理危机干预工作的职责，为重大心理危机事件的处理作出有效的决策。另一方面，要成立大学生心理危机干预中心。该中心能及时有效地为处于危机之中的大学生提供帮助，当他们因心理危机万分痛苦时，工作人员就可以立即介入，采取紧急对策，避免他们的心理危机进一步恶化，并在此基础上帮助其化解心理危机。

**4. 从个人视角进行大学生心理危机预防**

根据内外因的辩证关系可知，外因是条件，外因通过内因起作用。大学生心理危机预防的关键在于个体的内部因素，外力的“推”或“拉”终究不是决定性因素。因此大学生应从自我入手，通过加强学习，改变错误认知；正视现实，提高解决问题的能力；多与人交流，有效利用社会支持；坚持健康的生活方式，学会善待自己等方式不断发展自己，提高自己的身心健康水平，学习各种预防和应对心理危机的方法，以便有效降低心理危机的严重程度和发生的可能性。

## 第四节 大学生积极就业心理与职业规划

### 一、大学生就业常见心理分析

大学毕业生就业的成功与否，不仅取决于其专业能力、道德素养、文化素养等方面，也取决于毕业生的就业心理状况和心理调适能力。

#### （一）大学生就业心理的影响因素

毕业生的就业心理是指大学生在毕业前后因就业问题而引发的心理活动，它的产生与发展变化受到主观和客观两方面因素的影响。

**1. 主观因素**

（1）大学生的生理状态和心理发展。大部分大学生在22岁左右毕业，很多大学毕业生只是身体发育成熟，心理上并未达到成熟水平。一些雇佣机构对招聘职员的身高、健康状态等有某种程度的要求，部分职业自身的特性也或多或少地对求职者的生理条件有所限制。因此，生理因素在很大程度上影响就业，也会对求职者的心理产生影响。

（2）大学生的人格特征。人格特征即个性，在生活中经常表现出来，在他人看来是稳定的，是具有一定方向确定性的个人心理特征的总和，表现为与他人不同的独特心理状态和心理特征。人格贯穿一生，影响一生，伴随着人的一生，永远不会消失。人的个性所产生的需求、动机、理想、信念、世界观和兴趣引导着人的生活，指引着生活的方向和道路。不同的人格特征和个性气质、性格和能力影响了人的处事风格、事业和生活。

（3）大学生的知识结构。知识结构指的是求职者想法中的知识系统与自我的内在关系。知识结构是能力的最大影响因素之一，求职者有着不同的知识结构，就代表着他们有处理不同事情的能力。

随着科学技术的发展，职业发展向着智能化、一体化迈进。结合现如今职业发展的特点，相关从业人员要具备较为广博的知识结构。

大学生在学习过程中，要了解、学习本专业相关的知识和技能，同时对自己的要求不能是仅掌握自己的专业知识和技能这么简单。只有深入了解基础知识和基本技能，才能够应对现今高速发展的社会和多变的人才需求。丰富的知识储备、过硬的动手能力和合理的知识结构能够帮助毕业生就业，同样这也是毕业生在就业市场具有竞争力的基础。由此可见，大学生的知识结构会直接影响毕业生就业，是就业能否成功的关键影响因素之一。

**2. 客观因素**

（1）社会环境的影响。人是社会性动物，人在社会中或多或少都会受到社会环境的影响。不同社会环境会对人造成不同的影响，而影响社会环境的因素有社会风气、社会经济发展程度等，就业形势和就业政策也会影响人的就业心理。就业制度发生改变，市场竞争更加激烈，是挑战也是契机。给毕业生提供更广阔的选择空间更有利于毕业生就业，即就业更加公平、公正、公开和自主。近年毕业生人数不断上升，经济的发展促使不同行业产生了不同的人才需求，大学生要客观理性地看待，积极应对就业市场的竞争，既不能放松警惕也不能太过紧张。大学生要保持健康的心理，充分地了解、分析社会，面对不同的情况要采取不同的措施，以此达到适应不同环境、成功就业的目的。

（2）学校教育的影响。现今大众对教育的理解越来越深入和透彻，大学不仅重视职业教育，还提供全面、高质量的素质教育。在大学中，学校负责学生的社会化教育和培养。学生在学校提供的社会化教育环境中获得生活经验，并在自己的学习和理解下进行社会实践。在这个过程中，学校的校风以及教学模式对大学生有很大的影响，对毕业生的就业心理有微妙的影响。

（3）家庭教育的影响。家庭是社会的基本单位，父母是孩子的第一任老师。家庭的教育方式和父母的价值观都会直接影响大学生的心理状况和发展。毕业生的就业心理很可能受家庭因素影响。此外，父母对待儿女就业的态度也会影响毕业生的就业态度，父母的工作态度对毕业生的工作态度也有显著影响。例如，一些父母希望孩子在家乡工作，一些父母不希望孩子在私营企业工作等。家庭教育影响着大学生的人格形成，父母态度或多或少会影响大学生的就业态度，所有这些都会影响毕业生的就业心理。

### （二）大学生就业的心理动机

动机是一种能影响行为的驱动力。选择工作种类与工作地点，很大程度上是受就业动机的影响。因此，就业心理的核心问题是就业的动机。影响工作意向的主要原因包括工作的社会重要性、经济报酬、地理位置和自我适应性等。就业动机主要可以表现在以下方面。

#### 1. 找一份专业对口的工作

大多数毕业生在选择职业时，第一选择都是与自己专业相关的职业，能够运用所学的知识是大多数毕业生的普遍心理。在他们看来，与专业相关的职业可以缩短调整适应的工作时间，充分发展自己的才能，并促进自己成长，这就是为什么许多毕业生不选择条件更好的工作，而选择相对困难但专业对口且有发展前途的工作。

#### 2. 找一份社会地位高的工作

工作具有社会意义，社会地位高的工作容易受到尊重。所以毕业生更愿意找一份社会地位高的工作。这是一种普遍的就业心理动机，高的地位主要是指受尊敬和经济收入较高。

#### 3. 找一份稳定的工作

传统的劳动管理制度影响了人们对就业的态度，没有稳定性就没有安全感，所以一些大学毕业生放弃了一些较好的就业机会，转而选择了国有大中型企业。当然，随着社会的发展和人们观念的改变，一些大学生不再重视就业的稳定性，而是选择自己感兴趣的职业。

#### 4. 去经济发达地区

经济发达地区有很多工作机会，工资相对较高，就业市场相对规范。因此，许多大学生的目标就业地区是北上广深这些经济较为发达的地区。

**5. 注重经济待遇**

市场经济环境下成长的大学生对经济问题很敏感。大学毕业生属于刚刚脱离父母独立生活的群体，面临经济独立的挑战。如果大学毕业生没有一定的经济基础，就不能组建家庭，也不能回报父母，因此大学毕业生在选择工作时考虑经济待遇是重要的心理动机。

**6. 奉献社会**

一些毕业生在面临职业选择时，放弃了良好的工作环境和物质条件，选择支持西部建设，或在基层或在生产的一线作出贡献。这些毕业生就业的心理动机是为国家服务，为社会作贡献。他们是新时代大学毕业生的榜样，展现了甘于奉献的精神面貌。

### （三）大学生就业的心理准备

就业作为大学生从学校到社会的转折点至关重要。面对就业，应届大学生应该积极做好就业准备，包括专业知识和专业能力的准备、职业道德责任感的准备以及心理准备。此外，要以积极的心态面对就业挑战，应届毕业生在就业时需要在众多的工作岗位、公司中选择适合自己，能够满足自我发展、提升自我价值的岗位。

当今时代发展迅速，大学生经过四年的大学学习，入学前的专业就业形势和毕业时已然不同，专业可能由热门变为冷门或者由“短线”变为“长线”等，这些原因都可能导致毕业生求职信心受挫。因此毕业生要有相应的心理准备，冷静思考，正确分析自己的求职意向，主动改变自身想法，积极贴合社会需求，调整心态，寻求适合自己的职位。

应届毕业生就业时缺乏相关就业经验，而且就业市场竞争非常激烈，这导致许多大学生在就业求职的过程中，感觉压力巨大、情绪波动起伏、焦虑，就业给他们的生活以及学习带来了困扰。为了积极正常地就业，顺利跨过就业转折点，大学生应进行就业相关的心理准备，应届毕业生的心理准备应该从以下方面着手。

**1. 角色转换的心理准备**

就业对于大学生来说是一场角色转换，从之前单纯的学生身份向社会职员身份的转换。学生时代生活相对规律、状态相对稳定、生活也有保障，学生时代稳定从容的环境，容易带给大学生美好浪漫的错觉。然而，社会是残酷的，尤其是当代大学生就业竞争大，面对生活环境的突然转变，如果大学生继续沉浸在大学生活的美好幻想中，很难应对就业的激烈竞争，所以大学生需要做好角色转换的心理准备，在毕业的转折点上及时调整心理认知，保持清醒的头脑，认清社会就业现状，并且运用学生时代所学的专业知识与技能，寻求相应的社会需求，找寻适合自己的职位。在大学时期，学校应该提前给大学生进行心理预设，让他们知道大学生也是社会上的普通一员，大学是为了积累知识、储备技能，是为了将来社会工作的需要，这样在毕业时有助于大学生及时做好角色转换准备，有助于大学生认清自己的社会身份，积极努力地择业，投入到社会工作人员的队伍中，为社会主义建设奉献自己的力量。

**2. 自我认知的心理准备**

大学生还应该进行充分的自我认知，充分了解自己的特点。根据自身的性格、喜好、特长、知识储备、技能储备，选择适合自身发展的职业。只有对自我展开充分认知，才能寻找到适合自己的职位，充分发挥自己的长处。可以通过科学心理测试，建立对自我的有效认识。此外，老师、朋友、父母给予个人的客观评价也是开展自我认知的渠道。正确、科学、有效的自我认知可以帮助应届毕业生更好地进行就业选择。

**3. 认识与评价职业的心理准备**

大学生在就业时应该正确认识和评价职业。人和职业之间具有双向选择性，人需要根据自己的特长选择擅长的职业；职业也要求求职者具备相应的工作能力。应届毕业生需要对不同的职业有一定的了解，找到职业与自身特征的匹配度，需要根据自身的特点寻求适合自己发挥特长的职业。

**4. 就业形势的心理准备**

大学生在就业前应该充分认识就业形势。随着教育的普及，高等教育越来越大众化，就业形势严峻，竞争激烈甚至出现相对过剩现象，相对过剩反映的是大学生的需求不平衡，具体表现为在边远地区或者基层单位急需受过高等教育的人才，但是在大城市就业岗位竞争激烈，人才过剩。应届毕业生应该了解就业形势，并做好求职遇挫的心理准备，有远大抱负、才华横溢的大学生可以根据边远地区以及基层单位的需要，投身于基层工作或去边远地区服务工作，实现人生的价值。

**5. 自主择业的心理准备**

应届毕业生应该做好自主择业的心理准备。大学生在就业前生活平稳、安定、有规律，还有老师的指导以及父母的帮助，可能并未真正独立。在面对就业选择时，大学生可能会出现迷茫、缺乏自信的情况，有的大学生甚至依赖老师和家长与就业单位洽谈相关事项。大学生这种不自立的行为，会导致用人单位对大学生缺乏信心，进而导致大学生就业失败。因此大学生在就业时一定要做好自主择业的心理准备，要相信自己，并充分利用自己的特长，选择适合自己的职业。

**6. 应对挫折的心理准备**

应届毕业生应该做好工作遇挫的心理准备。现如今就业形势严峻、竞争激烈，在竞争的过程中，有成功者就会有失败者，所以在求职的过程中，大学生可能会产生如下心理问题：首先，产生迷茫，在就业选择时自己的专业与职位需求吻合度低，大学生会对未来的职业发展产生迷茫心理；其次，产生逃避想法，在就业求职过程中，大学生发现用人单位对职位的知识水平和技能储备要求高，而他们本身的知识技能达不到所要求的水平，会产生对就业的逃避心理；最后，消极想法，大学生可能会对求职过程中遇到的不符合规定、不符合常理的现象感到无法理解，对就业产生消极的态度。以上三点问题的产生原因之一是大学生心理准备不足，因此大学生在就业之前应该做好遇到挫折的心理准备，了解可能出现的情况，在遇到困难时勇敢面对，不怕失败，最终走向成功就业。

**7. 正视就业差距的心理准备**

应届毕业生应该做好正视职业期望与现实之间差距的心理准备。应届大学生的大学生活向来平稳有规律，过于平稳的成长环境让他们自然而然地认为社会也是一帆风顺的。他们怀着理想的愿景走向社会，希望在社会平台上奋发前进，实现自己的人生价值。但是初入职场的大学生缺乏职业意识和工作经验，可能会在工作过程中受到领导或同事的指导甚至批评、冷遇，进而造成心理期待与实际情况的落差，失去心理平衡。对于此种情况，大学生应沉着冷静地主动分析原因，寻找自身不足，突破自己不断进步。

应届毕业生需要平衡就业期望与现实之间的差距，做好心理准备，就业是一个崭新的开始，需要每位大学生重新努力积攒工作经验，以自己的实际行动获得职业成就感。在工作中遇到挫折时，要以积极的心态面对，不断向前辈努力学习，突破自己，提高自己。在就业前建立一定心理准备，可以帮助大学生更好地发挥就业主观能动性。

**（四）大学生就业的心理调适**

在人的一生中，职业选择期是非常关键的时期。它决定着一个人在职业生涯中能否发挥自己的个性、施展自己的才华、取得事业成功与自我价值的实现。为了避免大学生在就业中出现心理问题，应该采取积极的措施来调适大学生在就业中存在的心理压力。

**1. 心理调适的内容**

心理调适又简称为调适，指人们通过对原有认知结构的改变来适应变化的新环境和新情境。大学生在就业过程中，难免会遇到一些难以解决的挫折和困难，导致其出现各种心理问题，从而对个人身心健康、求职就业等方面产生不利影响。心理调适能够帮助学生解决这些问题，并帮助他们建立客观、正确的思维方式，从而形成理性的自我认识，有效控制、调节自己的心理困扰和不良情绪，促进个体身心健康。

由此看来，自我心理调适主要是个人依据自身心理特征、发展需要和环境因素，对自己的心理进行控制、调节的过程，它能够帮助大学生充分发挥自身潜力，促进心理平衡，排除心理困扰。因此，大学生应该学会自我心理调适，在就业中增强自我心理调适能力，对这些挫折和困难建立客观、理性的认识，排除心理困扰，化解现实困境，选择适合自己的就业目标。同时，大学生也应该积极进行自我调适，并对自己的心理问题进行疏通和调解，提高自己化解矛盾能力和承受挫折能力，维护自己的身心健康。

（1）内心充满自信。大学生在就业过程中，首先要对自己充满信心，相信自己的能力，对未来充满希望，积极与所遇到的挫折做斗争，并对未来的道路始终保持一颗坚定的信心，相信自己必定可以冲破阻碍，到达理想的彼岸。在求职过程中遭遇挫折的大学生更需要适时调整心态，保持理性的求职期望，并保持知足常乐、实事求是的心理状态，成为有抱负、有理想、有信念的大学生，为祖国的建设注入新鲜活力。

（2）正确认识社会现实。社会属性是人的本质属性，要想了解人就需要将其放在现实社会中进行考量。因此，在求职过程中，大学生需要正视社会现实，这样才能够保持良好的心理状态。具体而言，良好的心态主要体现在正视社会、适应社会层面。由此可见，大学生应该保持实事求是的态度，具体情况具体分析，树立正确的求职择业观念，勇于争取，在竞争日益激烈的市场中逐步获得社会的接受和认可。另外，大学生也应该根据不断变化的社会需求，更新自己的择业观念，选择适合自己的工作。人的本质属性是社会属性，这也意味着人的一切社会性活动都要受到各种社会条件的制约，人不能脱离社会生存、发展。若是大学生一味追求个人名利，脱离社会需求，就很难被社会所接受、承认，无法实现个人价值。

### 2. 心理调适的方法

大学生面临学业、人际关系、未来规划等多重压力，良好的心理调适能力对于维护健康的心态至关重要。以下是一些常用的心理调适方法，对大学生来说尤其有益。

（1）学会情绪表达。大学生可以通过与朋友、家人或心理专业人士的交流，将内心的情感表达出来。此外，写日记、绘画等方式也能帮助其减轻心理压力，让情感得以宣泄。

（2）掌握放松技巧。学会深呼吸、渐进式肌肉放松、冥想等放松技巧，有助于降低紧张和焦虑程度，使身心得以平静。

（3）培养积极思维。培养积极的思维习惯，认识到问题的积极方面，有助于寻找解决问题的方法。乐观的态度能有效减少消极情绪的不良影响。

（4）寻求支持。寻求朋友、家人以及专业心理咨询师的支持和帮助，与人分享问题，获得情感支持和建议，能够减轻内心的痛苦感。当情绪问题严重影响日常生活时，寻求专业心理干预，如心理咨询或治疗，有助于获得更有针对性的支持。

（5）养成健康生活方式。注意健康饮食、保持充足睡眠和适度的运动。身体健康有助于提高心理抵抗力。

（6）学会管理时间。有效规划时间，分配任务，避免过度的时间压力和紧迫感，有助于减少焦虑情绪。

（7）发展兴趣爱好。发展兴趣爱好能够分散注意力，带来积极的情绪体验，缓解压力。

（8）学会接纳与放手。学会接纳无法改变的事实，并放手执着于过去或未来的担忧，有助于缓解焦虑和紧张情绪。

通过灵活运用这些方法，大学生可以更好地应对压力和困难，维持健康的心理状态，促进个人成长和发展。

## （五）大学生综合就业能力的培养

### 1. 大学生需具备的职业素质与能力

企业的竞争归根结底是人才的竞争，人才竞争力是构成企业核心竞争力的重要部分，因而人力资源是企业最宝贵的资源之一。就大学毕业生而言，社会需要的不仅是专业特长突出、实践技能出色的毕业生，同时他们也必须具备较高的综合素质。用人单位比较注重的毕业生的素质和能力包括敬业精神、协作精神、创新能力、专业技术能力、解决问题能力、善于学习能力、协调合作能力等。

除了具备过硬的素质和能力之外，用人单位还要求求职者拥有健康的身心、良好的思想道德，如强烈的事业心和责任感、踏实肯干和吃苦耐劳的创业精神等。因此，大学生需要着重培养以下能力和素质。

（1）工作态度积极。一个人的工作态度是决定其能否胜任今后工作的主要因素。因此，企业很注重大学毕业生是否具有爱岗、敬业、务实等积极的工作态度，具体表现为在工作中认真、细致、负责、勤奋努力、虚心好学，积极主动地面对工作中的挑战，对工作有激情，愿意从基层踏实做起等。大学生要清楚地意识到工作态度对企业和自身发展的影响。一个人做事的态度，很大程度上决定了他日后成就的高度。

（2）知识基础扎实。在现代生产中，企业对复合型技术人员的需求增加，要求他们既熟练掌握或精通专业技能、有扎实的专业知识基础，同时也具备相关专业或其他专业方面的知识。因为这样的大学毕业生能很快地适应工作环境，在岗位上发挥作用。同时，专业之间的结合往往就是创新的源泉，也是企业竞争力的来源之一。因此，大学生不仅要把自己的专业读精读深，而且要跨领域、跨专业学习，考虑本专业和其他专业结合的机会。只有善于学习、不断学习，才能紧跟社会时代的脚步，才能适应企业不断发展的要求。

（3）学习能力强。不管大学生在学校的知识基础有多扎实，到新的工作岗位上几乎都要接受培训，接触新的知识和技巧，这是大学生快速成长和适应工作的最佳途径之一。只有具备较强的学习能力，大学毕业生才能在工作中触类旁通，遇到问题及时看到症结所在，并调动自己的知识和能力，制定出可操作的方案。因此，在大学期间养成良好的学习习惯，培养较强的学习能力，不仅是大学生在学校教育阶段顺利完成学业的必要条件，也是大学生步入职场后能够快速适应工作环境和获得职业发展的主要条件。

（4）责任心强。所谓责任心，是指个人对自己、对他人、对家庭、对集体、对社会、对国家所负责任的认识、情感和信念，以及与之相应的遵守规范、承担责任和履行义务的自觉态度。而责任心强是企业和社会对大学毕业生最基本的素质要求。例如，在工作中处理一件具体事情上，责任心强可以体现在三个阶段：一是做事情之前要想到后果；二是做事情的过程中尽量控制事情向好的方向发展，防止坏的结果出现；三是事情完成后出了问题时敢于承担责任，勇于担当。

责任心是影响一个人在职业生涯发展中能走多远的重要因素之一。大多数企业在提拔员工的时候，往往选择的也是那些有所担当、勇于承担责任与压力的员工，因为这是一个成功领导者应该具备的品质，要具备这种品质需要大学生从个人的习惯和修养等方面严格要求自己。

（5）团队合作能力良好。企业发展离不开团队合作，个人成长也离不开团队成员的帮助。企业的兴衰成败在很大程度上取决于其成员相互协商、相互尊重、相互凝聚的程度。所以企业非常看重大学毕业生的团队协作精神。大学毕业生也只有将个人融入团队，个人发展才会更加顺利。毕业生在校园时代可利用很多合作和实践的机会，培养团队意识、积累合作经验，提升团队协作能力。

（6）人际沟通能力强。现代社会，沟通无处不在。企业需要的是能够运用自己良好的沟通能力与企业内外有关人员沟通的大学生。大学生进入公司，没有良好的沟通能力，就难以很好地与他人合作共事，进而影响工作开展。良好的沟通能力也是大学生在面试时展现优势的助力。

（7）创新意识与能力强。企业对人才能力的需求已由过去的一般能力要求，发展到以创新能力为核心的综合要求。善于观察，善于思考，不断探索、开拓和创新的大学毕业生是企业最看重的人才，因为他们永远不满足于现状，会孜孜不倦地向更新、更高、更强的目标挑战，能为企业创造更大的价值，为企业发展带来更多的生机。

（8）心理素质良好。在竞争激烈的环境中能否承受较大的工作压力，能否在工作中经受批评、打击是大学生是否能在企业立足和发展的重要影响因素之一。心理素质的好坏，直接影响到大学毕业生能否在艰苦或不利的环境中调整自己，保持积极进取的状态。企业和社会欣赏勤奋、上进、肯吃苦的年轻人。大学毕业生在未来的道路上，总会碰到各种各样的困难。因此，大学生在学生时代就要做好思想准备，培养自己敢于拼搏、吃苦耐劳、不断进取、百折不挠的精神，提高抗压、抗挫折能力，以适应未来的社会竞争。

总之，大学生要尽早有职业生涯规划意识，培养职业素质和能力，关注自我职业发展路径和实现路径，并争取机会着手提升自我综合素质。

**2. 大学生就业能力的培养途径**

大学生的综合就业能力包括职业素质和职业能力。大学生可以有意识地通过多种途径、方法来培养和提升自我职业素质和职业能力。

（1）在生活中培养。一个人的习惯、个性并非一朝一夕形成，而是长期行为的结果。个性习惯就是个人素质的真实写照。所以，大学生培养自己的职业素质必须从日常的生活细节及点滴做起。大学生在生活中要注意培养良好的行为，进而形成良好的习惯，最终成为自身良好的个性，自然而然就能表现出良好的素质。

（2）在课堂内积淀。扎实的专业理论知识是发展专业技能的基础。大学生可以多向老师、学长、前辈们请教，充分利用图书馆等校园资源，夯实专业知识，拓展专业知识面，丰富知识储备；学会自主学习，学习和掌握科学的学习方法和思维方式，培养系统观察、分析、质疑、反思的能力和习惯。同时，大学生应该注意专业互补课程的学习。毕业生如果拥有较高的跨学科素养也会为职业生涯增色很多，更容易在竞争中脱颖而出。所以，理工科专业的大学生要注重人文课程的学习，提高自己的人文素质；而文科专业的大学生则要注重理科知识的学习，培养自己的理科思维。

（3）在课堂外拓展。课外拓展是大学生提高自身综合能力的良好途径。大学校园内经常会举办各种学术讲座、文化讲座、专题讲座，常会邀请海内外知名人士、某领域专家学者、社会各界精英到校与同学们分享他们在各自领域的体验和人生感悟。大学生应抓住机会积极参加，虚心听取优秀人物的观点、见解、创业史和人生经验等，了解学校以外的多彩世界，这不仅可以拓宽视野，增长见识，还可以优化思维模式。此外，竞赛可以激发创新思维，是提高创新能力和解决实际问题能力的有效途径。有条件的大学生可以争取机会多参与一些竞赛项目，这不仅有利于融会贯通所学知识，提高发现问题、解决问题的能力，拓展创新能力和实践技能；同时也是考验和锻炼学生直面困难的勇气、探索问题的毅力和团队协作能力的好机会。

（4）在社团中锻炼。大学是一个小社会，各种不同的学生社团就如同一个个小企业。大学生可根据自己的兴趣和需要，有选择地参加一个或多个学生社团。在参与社团活动中，大学生可以体验到社团组织是如何运作的，同时还能锻炼自己的各种能力，如人际交往能力、沟通能力、团队协作能力、组织能力、领导和决策能力等。

（5）在实践中成长。实践出真知，实践长才干。实训、实习、兼职、勤工俭学等实践活动是培养大学生职业能力的有效途径。实训、实习过程，是运用理论，将理论和实践相结合的好机会，大学生在实践中能更好地培养和提高动手操作能力。实习提供了真实的企业环境，让大学生在一个真实的职业环境下，真正领会到未来工作岗位对专业技能的要求，大学生得到了实际的训练，有助于其综合素质的提高。实习是积累工作经验，提升职业能力的好途径。大学生兼职、勤工俭学不仅可以减轻经济负担，还可以了解社会。在实践中，大学生能增强独立自主的能力，培养吃苦耐劳、克服困难的精神，以及服务他人的意识和责任感。实践是学生融入社会，获得较快成长的重要途径。

（6）在培训中强化。通过参加校内外的职业培训，强化专业知识，大学生学习并掌握岗位所需的职业技能，获得相关职业资格证书，有助于其拓宽就业范围，为职业生涯增添筹码。对于大学生而言，具备良好的综合能力，就具备了进入职场的敲门砖。

## 二、大学生职业生涯规划分析

就业问题已经成为引发大学生心理困扰的重要因素。要改变这种状况，需要各方面的关注和努力。就大学生而言，尽早制订合理的职业生涯规划，并以此为依据积极地塑造自己和提升自己，可以为自己的职业生涯发展奠定良好的基础，也是减少就业苦恼和提高求职成功率的重要途径。职业生涯规划是指个体根据对自身的主观因素和客观环境的分析，确立自己的职业生涯目标，选择实现这一目标的职业，制订相应的工作、培训和学习计划，并按照一定的时间安排，对将来的行动作出计划安排。

职业生涯包括一个人从职业学习开始到职业劳动，最后结束这一生的职业工作所经历的过程。人的一生主要是在职业生活中度过的，职业生涯的成败对人的一生有着重要的影响。现代人不仅把职业作为谋生的手段而且试图依托一定的职业来实现自己美好的人生理想。职业生涯规划是个人职业生涯成功的战略指南。

### （一）大学生职业生涯规划的分类

大学生职业生涯规划按照时间的长短来分类，可分为人生规划、长期规划、中期规划与短期规划 4 种类型。人生规划是对整个职业生涯的规划，时间长达 40 年左右，主要是确定整个人生的发展目标。长期规划指 5～10 年的规划，主要是确定较长远的目标。中期规划指 2～5 年的规划。短期规划指 2 年以内的规划，主要是确定近期目标，如规划 2 年内需要掌握哪些业务知识。

### （二）大学生职业生涯规划的原则

大学生合理的职业生涯规划能帮助他们走上成功之路。为了正确制订职业生涯规划，必须遵循的原则包括以下方面。

#### 1. 长期性原则

职业生涯规划决定了个人未来的努力方向，对未来的就业有重要影响，因此必须从长远考虑，为自身制订长远规划，并为之付出不懈努力。

**2. 明确性原则**

在制订职业生涯规划时，内容必须清楚明确、易于理解，对各阶段的规划和预期目标必须表达得具体准确，便于根据规划采取实际行动，不断提高个人能力。

**3. 现实性原则**

在制订职业生涯规划时，必须要以社会现实为依据，要根据自身的特点、行业需求和社会需要来制订发展规划。

**4. 挑战性原则**

在制订职业生涯规划时，要在可实现的目标上增加挑战性目标，激发个人突破自我，最大限度提高个人能力。

**5. 时间性原则**

职业生涯规划是对未来的工作内容、发展方向、实现目标的规划，是需要长时间进行的规划，因此要把践行工作内容的时间标注明确，确保在计划时间内可以完成。

**6. 适应性原则**

职业生涯规划是未来长时间的规划，在规划实行期间，许多相关因素会随着社会发展发生变化，因此规划要具有适应性，确保可适应规划期间发生的变化。

**7. 一致性原则**

职业生涯规划关乎未来的职业发展以及人生，因此要与个人未来发展规划保持一致，在制订职业生涯规划时，还可以同时制订个人发展规划。

### （三）大学生职业生涯规划的意义

职业生涯规划为大学生未来事业的成功提供了基本的操作方法，因此对大学生的职业生涯发展具有重要的意义和作用。

**1. 找到适合自己的职业**

人与人是有差异的，这种差异会极大地影响职业生涯。能力、兴趣、爱好、价值观、社会资源等因素的不同，会直接影响一个人的职业生涯状况。个体与职业之间存在着是否匹配以及匹配程度如何的问题。职业生涯规划试图通过一系列科学的方法帮助大学生认识自我与外部环境，引导他们找到适合自己的职业，以实现自身的价值。

**2. 遵循职业生涯的发展规律**

职业生涯发展的过程具有规律性。几乎每个人在其职业生涯中都会经历几个相同的发展时期，如探索期、适应期、发展期、转型期、突破期、反思期、重振期、倒退期、退出期等。了解职业生涯的发展规律，合理地进行职业生涯规划，就能在探索期踏实稳定，在适应期从容不迫，在发展期不骄傲，在反思期、倒退期不消极，在退出期坦然面对一切。

**3. 抵御职业生涯风险**

职业生涯之旅并不是一帆风顺的，可能会碰到许多的困难和挫折。例如，重大经营管理决策失误；与上级、下级关系紧张；上级不公正的待遇；身体状况不好等。良好的职业生涯规划，有助于大学生更好地应对未来职业生涯发展过程中可能出现的各种情况。

### （四）大学生职业生涯目标的设定

大学生职业生涯目标的设定是一个关键的规划步骤，旨在为其未来的职业道路和发展方向确立清晰的目标。以下是在大学生设定职业生涯目标时应考虑的关键内容。

**1. 认知与评估自我**

大学生设定职业生涯目标首先要了解自己的兴趣、价值观、个人特点、技能以及优劣势。通过自我评估，大学生可以更准确地找到适合自己的职业领域和发展方向。

**2. 寻找职业兴趣**

大学生在设定职业生涯目标前要探索不同的职业领域，了解各个行业的特点、职责和前景。通过实地考察、实习、参观公司等方式，深入了解自己是否对某一领域具有浓厚的兴趣。

**3. 设定短期和长期目标**

在确定职业生涯目标时，大学生可以制定短期（近期）和长期（未来几年至数十年）目标。短期目标能够帮助大学生逐步迈向长期目标，确保其在职业生涯中保持连续性和方向感。

**4. 设定可量化的目标**

大学生的职业生涯目标应具有明确的衡量标准，比如薪资水平增幅、职位晋升、技能水平提升等，以便评估目标的实现程度。

**5. 把握市场需求和趋势**

大学生在设定职业生涯目标时要考虑各行业的市场需求和趋势，选择与未来就业市场紧密相关的领域，以提高职业发展的稳定性和可持续性。

**6. 促进个人成长和技能发展**

大学生职业生涯目标的设定应包括个人成长和技能发展，例如提升特定的职业技能、获得相关资格证书等。考虑当前的个人成长阶段，不同阶段的职业生涯目标可能有所不同，要确保目标与个人发展阶段相符。

**7. 持续学习**

职业生涯目标设定后，大学生要有计划地持续学习，以不断提升自己的能力，适应职业发展的变化。此外，职业生涯目标的设定并不是静态的，随着时间和经验的推移，可能需要调整和修正。大学生可随时根据实际情况对目标作出调整。

在设定职业生涯目标时，大学生要综合考虑自身特点、兴趣、市场需求、社会发展趋势等，制定出具有挑战性、可行性和实际性的目标。同时，要保持积极的心态和对未来的信心，为自己的职业生涯铺就坚实的基础。

# 结语

CONCLUSION

本书以现代教育理论为指导，旨在为大学生积极心理品质的培育提出有价值的见解。大学生的精神成长是一个连续、动态、多维度的发展过程，本书从大学生自我意识、人际关系、心理健康、抗挫折能力等方面探知大学生心理成长的现状，总结出大学生存在的心理困惑与成长矛盾。透过大学生心理困境反映的问题，本书结合积极心理学、教育学等学科领域中关于影响与促进人的发展的研究成果，分析影响大学生积极心理品质养成的因素，并从高校、家庭、社会和大学生自身等方面提出培育大学生积极心理品质的路径与机制。

# 参考文献

REFERENCES

## 一、著作

毕红艳，赵倩，2017. 积极心理健康教育［M］. 郑州：河南科学技术出版社.

郭鹏，2015. 大学生的心理健康教育［M］. 2版. 徐州：中国矿业大学出版社.

李婷婷，2019. 积极心理学视角下的大学生心理问题探析［M］. 北京：中国书籍出版社.

李旭，邵昌玉，郑涵予，2018. 大学生心理健康与积极成长［M］. 重庆：重庆大学出版社.

孟万金，2017. 积极心理健康教育在中国［M］. 北京：教育科学出版社.

宋宝萍，2015. 大学生积极心理健康教育：理论与实践［M］. 西安：西安电子科技大学出版社.

谭芳，2014. 大学生心理健康教程［M］. 北京：化学工业出版社.

谭华玉，马利军，2016. 大学生心理健康教育：基于积极心理学角度［M］. 北京：人民邮电出版社.

王丽，2015. 积极心理教育：培育学生心理资本［M］. 成都：西南交通大学出版社.

赵菊，李燕，2017. 大学生心理健康教育［M］. 武汉：武汉大学出版社.

## 二、期刊与学位论文

陈燕萍，2015. 高职大学生责任心理机制培育的实践探索［J］. 职教论坛（17）：15－18.

陈媛媛，丁文娜，2020. 大学生就业创业健康心理品质培育机制研究——兼论将社会主义核心价值体系引入心理健康教育［J］. 吉林工程技术师范学院学报，36（7）：42－44.

凡欣，2015. 积极心理健康教育与大学生心理品质培养实验研究 [J]. 学校党建与思想教育（普教版）(8)：66-67.

樊红霞，2016. 网络时代大学生人际关系教育与引导 [D]. 徐州：中国矿业大学：21-24.

付伟，侯春娜，2009. 当代大学生情绪的社会适应技能状态的实证研究 [J]. 教育探索（6)：121-123.

韩丹，2016. 新媒体情境下大学生人际交往研究述评 [J]. 江西师范大学学报（哲学社会科学版)，49（6)：40-43.

黄星君，吝秀云，2015. 积极心理学视阈下加强高职院校大学生挫折教育的策略 [J]. 学校党建与思想教育（普教版）(7)：79-80.

聂国东，梁媛，鞠茵妮，2016. 积极心理学视域下的工科大学生心理健康教育体系构建研究 [J]. 黑龙江高教研究（12)：129-131.

乔茂凤，2020. 积极心理学视角下的当代大学生压力管理 [J]. 福建茶叶，42（2)：252-253.

石清云，王萌，2014. 基于心理契约的大学生人格培育维度研究 [J]. 黑龙江高教研究（10)：104-106.

孙世民，陈选华，2000. 大学生自我意识及其培养 [J]. 安徽师范大学学报（人文社会科学版)，28（2)：308-311.

王佳利，2016. 大学生网络心理健康教育积极模式研究 [J]. 学校党建与思想教育（24)：58-60.

王志贤，刘斌，李梦婷，2018. 基于积极心理学的大学生创业心理教育体系构建 [J]. 黑龙江教育学院学报，37（10)：92-95.

吴青芳，2019. 积极心理学视域下大学生马克思主义信仰培育研究 [J]. 西南民族大学学报（人文社会科学版)，40（3)：222-226.

辛占香，2005. 大学生自我意识发展的特点及其调控 [J]. 教育科学，21（4)：51-52.

杨晶晶，杨熙，2017. 新时期青年大学生更需加强积极心理健康教育 [J]. 中国特殊教育（5)：89-91.

杨威，李馥荫，李炳全，2021. 大学生抗挫折心理能力、核心素养、应对方式对学业挫折感的影响 [J]. 高教探索（3)：124-128.

张世晶，黎嘉焮，张旭东，2016. 大学生学业情绪现状及其与积极心理品质的关系 [J]. 东北师大学报（哲学社会科学版）(5)：218-222.

章雪，昌晓莉，2019. 积极心理学视域下贫困大学生心理健康教育：反思及

改进 [J]. 江苏高教 (5): 119-124.

周炎根，2011. 浅谈大学生积极人格的培养 [J]. 教育探索 (4): 148-149.

周旖，2013. 积极心理学视角下高校大学生心理健康教育研究 [D]. 长沙：湖南师范大学：29-44.

朱红艳，2014. 大学生人际交往非良性状态的致因分析及改善策略 [J]. 学校党建与思想教育 (高教版) (3): 69-71.